Juliana

Menu en Majorette

Ans Herenius-Kamstra

Juliana
Mens en Majesteit

*Vorstelijke biografie van
een dienstbaar leven*

Kosmos-Z&K Uitgevers, Utrecht/Antwerpen

© 1999 Kosmos-Z&K Uitgevers B.V., Utrecht
Alle rechten voorbehouden
Omslagontwerp: Teo van Gerwen Design
Illustraties omslag: Benelux Press
Illustraties binnenwerk:
Algemeen Nederlands Fotopersbureau (ANEFO)
Algemeen Nederlands Persbureau (ANP)
Benelux Press (BP)
Capital Press & Photo Productions (Capital)
Gamma Presse Images (Gamma)
Nationaal Foto Persburo (NFP)
Rijksvoorlichtingsdienst (RVD)
Hendrik Jan Smit (Smit)
Sunshine (S)
De bron is in verkorte vorm bij de foto's vermeld.
De uitgever heeft ernaar gestreefd de auteursrechten met de rechthebbenden te regelen. Wie desondanks meent rechten te kunnen doen gelden, wordt verzocht zich tot de uitgever te wenden.

ISBN 90 215 8742 4
D/1999/0108/171
NUGI 643

Deze uitgave is met de grootst mogelijke zorgvuldigheid samengesteld. Noch de maker, noch de uitgever stelt zich echter aansprakelijk voor eventuele schade als gevolg van eventuele onjuistheden en/of onvolledigheden in deze uitgave.

Inhoud

	Voorwoord /
1909-1919	Een sterk en gezond kind 8
1919-1929	In alle fleur van de eerste jeugd 32
1929-1939	Aan haar oordeel had het hart altijd deel 56
1939-1949	Juliana was geweldig 82
1949-1959	Zij geniet sympathie door haar gevoeligheid 110
Intermezzo	De tien premiers van Juliana 138
1959-1969	De dagelijkse gezellin van haar moeder 142
Intermezzo	Nederlands beste ambassadrice 170
1969-1979	Met het begrip 'onderdaan' is zij minder vertrouwd dan met haar 'medemens' 178
Intermezzo	Juliana's Prinsjesdagen 206
1979-1989	Ik wed dat elke Nederlander, als het effe kon, graag praatte met prinses Juliana, op een bankje in de zon 214
1989-1999	Ik ben in mijn lange leven al genoeg bejubeld 242

Voorwoord

Zo lang ik me kan herinneren, wás Juliana er.

En wanneer ik aan haar denk, dan zie ik de foto van een verlegen kindje, handje aan de kin. Dan zie ik het wat plompe meisje dat zo vaak, samen met haar ouders, in de krant stond.
Wanneer ik aan Juliana denk, dan denk ik aan de in het wit geklede dochter, rouwend om haar vader.
Wanneer ik aan Juliana denk, dan hoor ik mijn moeder praten over het schoolfeest dat werd aangericht ter ere van de geboorte van 'het prinsesje'; dan hoor ik mijn vader praten over de kuiltjes in de wangen van de tweeëntwintigjarige.
Wanneer ik aan Juliana denk, dan zie ik de stralende jonge vrouw aan de zijde van haar joyeuze verloofde. Dan zie ik een moeder die haar eersteling hoog boven haar hoofd tilt, dan zie ik de *prinses*, die na vijf jaar ballingschap met drie dochters terug in Nederland komt.
Wanneer ik aan Juliana denk, dan hoor ik de gebroken stem waarmee zij op 4 september 1948 haar 'lieve moeder' dankt voor 'de wijze waarop ge mij hebt ingeleid'.
Wanneer ik aan Juliana denk, dan denk ik aan haar weigering het doodvonnis van drie oorlogsmisdadigers met haar handtekening te bekrachtigen. Tegelijkertijd herinner ik me dat ze wel met zwier haar handtekening zette onder de documenten waarmee de onafhankelijkheid van Indonesië en van Suriname een feit werd.
Wanneer ik aan Juliana denk, dan zie ik haar wuivend in de Gouden Koets op weg naar de Ridderzaal. Dan zie ik haar ook een ziek kind troosten met een kus.
Wanneer ik aan Juliana denk, dan hoor ik de gekwetste toon waarop zij zich afvraagt wat mensen bezielt, te pogen een wig te drijven tussen man en vrouw – dat was na die ellendige Hofmans-affaire.
Wanneer ik aan Juliana denk, dan hoor ik haar bits opmerken dat niet haar japon van belang is, maar de mensen in het zojuist door haar bezochte ziekenhuis. Dan zie ik haar de rug toedraaien naar de alomtegenwoordige persfotografen; dan zie ik haar gewillig voor de camera spelen met haar eerste kleinkind.
Wanneer ik aan Juliana denk, dan hoor ik weer de toespraak waarmee ze haar koningschap uitluidde.

Wanneer ik aan Juliana denk, dan zie ik de majesteit die de eed op de Grondwet aflegt.
Ik zie echter vooral een *mens* met alle eigenschappen van dien. Een *mens* die in de vele, vele jaren van haar lange leven vele, vele Nederlanders aan zich bond …

Ans Herenius-Kamstra

1909-1919

Een sterk en gezond kind

(Koningin Wilhelmina)

Zó kostbaar was het groeiende leven; zo belangrijk voor de ouders, voor de dynastie en daarmee voor het Koninkrijk der Nederlanden dat de aanstaande moeder met de beste zorgen werd omringd. Op medisch advies kortte koningin Wilhelmina haar werkdagen in, vertoefde ze veel in de buitenlucht en gunde zich 's middags een uurtje rust. Onaangename berichten werden haar waar mogelijk bespaard, en in een tijd waarin zwangerschap en geboorte nog waren omhuld met een waas van gêne en geheimzinnigheid wisten miljoenen mensen waaróm de koninklijke trein bijna stapvoets over de rails schoof; waaróm over de hoge afstap van rijtuig naar perron een flauw hellende loopplank werd gelegd. In de eerste maanden van 1909 verbaasde niemand in Den Haag zich erover dat in de straten die het koninklijk rijtuig geregeld passeerde zand was gestrooid.

Wilhelmina, niet gewend zich te ontzien en met een afkeer van artsen, schikte zich. Al te schrijnend was de herinnering aan de keren dat haar hoop op moederschap onvervuld was gebleven. Deze keer móest het goed gaan, ze naderde ten slotte reeds de dertig.

Het ging goed. Zonder complicaties werd haar in de vroege ochtend van de 30ste april 1909 een dochter geboren. Dankbaarheid bij de ouders, blijdschap in het land. Wellicht tevens enige teleurstelling bij degenen onder Wilhelmina's verwanten die op grond van afstamming aanspraak op de Nederlandse troon konden maken. Had Wilhelm von Wied* ten tijde van Wilhelmina's ernstige ziekte in 1902 niet reeds zijn intrek genomen in Paleis Het Loo om vooral bij de hand te zijn voor het geval de tyfus sterker zou blijken dan de constitutie van de patiënte, zijn nicht? Een paar dagen na de geboorte werden de namen van het kind bekend:

Juliana — naar Juliana van Stolberg, moeder van Willem de Zwijger;

Emma — naar koningin-moeder Emma, die van 1890 tot 1898 regentes voor haar minderjarige dochter was;

Marie — naar de grootmoeder van vaderszijde, de groothertogin van Mecklenburg-Schwerin, geboren prinses van Schwarzburg-Rudolstadt;

Louise — naar Louise de Coligny, vierde vrouw van De Zwijger; en

Wilhelmina — naar de moeder en de vele Willems uit het Huis van Oranje-Nassau.

Het kind zou 'Juliana' worden genoemd en op 5 juni werd ze gedoopt. Grootmoeder Emma liet voor de paarden van de Gouden Koets, waarmee het prinsesje naar de Haagse Willemskerk werd gereden, een speciaal tuig maken, het zogenaamde dooptuig, dat nadien nooit meer is gebruikt en nog steeds, zorgvuldig onderhouden, in de Koninklijke Stallen hangt.

Gedurende bijna een vol jaar na Juliana's geboorte achtte de consciëntieuze Wilhelmina 'zich ontslagen van alle verplichtingen, welke niet direct samenhingen met de regeertaak'. Iedere vrije minuut bracht ze door bij haar kind, van

---

* Wilhelm von Wied was een zoon van prinses Marie der Nederlanden kleindochter van koning Willem I – in 1871 gehuwd met de vorst von Wied.

wie ze veel foto's maakte: Juliana alleen, Juliana met vader, met grootmoeder en ook met moeder. Voor deze opnamen gebruikte Wilhelmina een zelfontspanner of zette ze, met veel aanwijzingen, haar man achter de camera. Nooit was koningin Wilhelmina zo'n stralend mooie vrouw als in de baby- en kleutertijd van haar enig kind dat zij, toen het aan jurkjes toe was, dikwijls een lichtblauwe, met oranjeappels geborduurde ceintuur omstrikte. Deze ceintuur behoorde tot de ontelbare geschenken die het koninklijk paar voor de luiermand waren toegezonden.

De vader aanbad zijn kind evenzeer en hij was het er maar half mee eens dat de twee weken oude baby op een zoele meimorgen door haar verzorgster mee naar buiten werd genomen. Echtgenote en schoonmoeder trachtten zijn ongerustheid weg te nemen: in verband met de doop moest Juliana aan de buitenlucht wennen, betoogden zij. Niettemin posteerde prins Hendrik zich bezorgd voor het venster en glimlachte. De schildwacht, die ongenood bezoek uit de paleistuin moest weren, sprong bij het zien van de kinderverzorgster plus kinderwagen in de houding en presenteerde het geweer. Het verhaal wil dat de prins de man 'vorstelijk' beloonde voor dit eerste saluut aan prinses Juliana. Waaruit die beloning bestond, vermeldt de geschiedenis echter niet.

Juliana was een 'sterk en gezond kind', zoals de moeder een halve eeuw later in haar memoires vermeldde. Juliana's ziek zijn beperkte zich tot een griepje, het geijkte rijtje kinderziekten; ze had geen last van alle inentingen en werd van een mollige baby een mollige kleuter. Een grappig, levendig kind, dat nog niet werd gehinderd door de verlegenheid die het opgroeiende meisje en de jonge vrouw zou kenmerken. Onbevangen trad ze iedereen, die haar aanstond, tegemoet; ze werd gefascineerd door andere kinderen, nam meestal zelf het initiatief tot nader contact en moest al heel jong ervaren dat haar omgeving – de hele entourage van verzorgster, hofdame, lakeien en rechercheurs – daar niet verrukt van waren: die hielden de andere kinderen eenvoudig weg bij Juliana.

De kleine prinses liet er zich niet door ontmoedigen, probeerde het steeds weer, het stevige knuistje uitgestoken om dat andere kind een ballon te geven of zomaar even aan te raken. Enthousiast placht ze de groet te beantwoorden van de mensen die naar haar zwaaiden.

Juliana's ouders trouwden op 7 februari 1901 in de Grote Kerk in Den Haag. De koningin der Nederlanden en hertog Hendrik van Mecklenburg-Schwerin leerden elkaar kennen in de daaraan voorafgaande zomer in Schwarzburg. Ze gingen samen wandelen en picknicken, zagen elkaar vervolgens enkele maanden niet maar zetten in oktober de kennismaking voort, wederom in Duitsland. Na een paar dagen was de zaak beklonken en kon de trouwdatum worden bepaald. (RVD)

1909-1919

Dat gebeurde vaak. Als het even kon, nam koningin Wilhelmina haar dochter mee op officiële bezoeken – volgens sommige biografen omdat zij het niet kon verdragen van haar kind gescheiden te zijn. Waarschijnlijker is dat de koningin haar kind en opvolgster van jongs af vertrouwd wilde maken met grote menigten; met de omgang met vreemden, met wie zij later veelvuldig te maken zou krijgen.
En zo vergezelde de driejarige Juliana, bijna schuilgaand onder een wagenwiel van een hoed, haar ouders bij een bezoek aan de kruiser Heemskerck. Het kind was er ook bij toen in 1913 één eeuw onafhankelijkheid werd gevierd met onder andere de in scène gezette landing van koning Willem I in Scheveningen. In 1914 zag Juliana veel mensen uit haar omgeving verdwijnen, leden van de hofhouding, die voor actieve dienst geschikt waren en op wens van koningin Wilhelmina naar hun vloot- of legeronderdelen terugkeerden. Op de schouders van prins Hendrik gezeten nam Juliaantje mede het defilé af van het Haagse garnizoen, dat als uitvloeisel van de algehele mobilisatie naar de grens werd gedirigeerd. Leuke dingen voor een kind, al die uniformen, die muziek.
In het begin van 1916 sloeg een harde storm grote stukken dijk langs de toenmalige Zuiderzee weg. Koningin Wilhelmina en prins Hendrik namen hun intrek in het Paleis op de Dam, vanwaar zij de getroffen gebieden sneller konden bereiken dan vanuit Den Haag. De koningin vond dat ook Juliana dit moest zien – dat ondergelopen land, de uit zandzakken opgeworpen nooddijken, de manier waarop in het gespaard gebleven Monnikendam de slachtoffers uit andere plaatsen werden opgevangen. Het kind was er nu groot genoeg voor, zou later ook wel met ramptoestanden worden geconfronteerd, en in het waterrijke Nederland moest altijd met overstromingen rekening worden gehouden. Bij haar zoveelste bezoek nam de koningin dus haar dochtertje mee. Toen bleek dat een van die nooddijken het had begeven, waardoor ook Monnikendam onder water was komen te staan, was Wilhelmina uiteindelijk zo verstandig Juliaantje op de boot te laten. Ze wilde haar kind 'de droeve indruk' van ellende, dood en angst besparen.

De talloze officiële jeugdfoto's tonen Juliana als een aanvallig kind met een doorgaans ernstig gezichtje, sluike haartjes en in snoeperig witte jurkjes met strikjes en kwikjes en kantjes en randjes. Dikwijls is ze geportretteerd met prachtig speelgoed, zoals dat wat de Franse president Armand Fallières bij zijn bezoek aan Nederland (1911) voor haar meebracht.
De vraag is of de kleine prinses werkelijk met al dat fraais heeft gespeeld; of het haar op den duur wist te boeien. Juliana was immers een ondernemend kind, dat graag buiten speelde en weinig zó fijn vond als zich 'lekker vuil maken'. Hierbij had ze een goede bondgenoot aan haar vader, eveneens een echt buitenmens, en, als jongste uit een groot gezin, zeer inventief in het verzinnen van allerlei opwindende spelletjes voor zijn 'kleine meid'.
Had ze midden in de zomer zin om te sleeën? Geen nood: vader haalde een paar grote dienbladen uit de zilverkamer, nam zijn kind mee naar de duinen achter Scheveningen of naar een paar heuveltjes in de Kroondomeinen, zette haar op het zilver, gaf haar een duwtje – en daar ging ze, over zand of dennenaalden naar omlaag. Goedig ook slikte prins Hendrik de brouwsels die Juliana op regendagen, wanneer buiten spelen uitgesloten was, op haar fornuisje door elkaar husselde.
Nadat ze goed had leren lopen, ging ze op onderzoek uit; ze dwaalde door de paleizen en kwam dan weleens terecht in een vertrek waar haar moeder net een audiëntie verleende. Niet altijd slaagde het kind erin ongezien te blijven. In dat geval werd ze uitgenodigd verder te komen en 'meneer' een handje te geven. Over het algemeen deed ze wat er van haar werd verlangd, één keer zeker echter niet. De minister met wie haar moeder in gesprek was, had een opvallend weelderige haardos. Met geen stokken was Juliana ertoe te bewegen Zijne Excellentie netjes te begroeten.

1909-1919

Op 'school' werd Juliana zoals elk Nederlands kind vertrouwd gemaakt met de figuur van Willem de Zwijger, haar beroemde voorouder, die de basis legde voor de onafhankelijke staat der Nederlanden. (RVD)

'Kuif!' zei ze. Alleen: 'Kuif!' – ademloos van verbazing.
En natuurlijk is ze ook eens weggelopen, zoals ze een biograaf met gepaste trots vertelde. Dat was op Het Loo. Ze glipte een achterdeur uit, sloop langs de zijmuren en stevende doelbewust op het hek af, in de hoop dat de schildwacht even de andere kant zou uitkijken. Ze had geen schijn van kans, dat koningskind. Halverwege het voorplein werd ze op de schouder getikt: mee terug naar binnen, Juliana!

Koningin Wilhelmina constateerde dat haar dochtertje 'een grote hunkering naar de omgang met andere kinderen' vertoonde, en haalde voor Juliana speelmakkertjes in huis, kinderen van

1909-1919

hoffunctionarissen, hoge ambtenaren, ministers. Die kinderen waren doorgaans reusachtig verguld met de uitnodiging om een middag in het paleis te komen spelen. In de lange gangen kon je prachtig ballen, op de parketvloeren in de balzalen kon je je verbeelden een glijbaan te hebben gemaakt, en Juliana vond het best dat ze aan haar speelgoed kwamen, ze was een kind van delen-met-anderen. Dat ze in de omgang met die anderen altijd even sportief en kameraadschappelijk was... nee, dat niet. Een tijdlang had ze de vervelende gewoonte om bij het krijgertje spelen vlak in de buurt van het tot neutraal gebied verklaarde plekje – een kleed, een drempel, een blok in het parket – te blijven. Zodoende 'was ze 'm' nooit. De anderen kregen daar schoon genoeg van en dreigden haar dat ze niet meer mocht meedoen als ze zo flauw bleef. Daarmee was de zaak geregeld: Juliana kwam van haar eilandje af.

De ouders deden hun best om hun enig kind een zo normaal mogelijke jeugd te bezorgen, waarbij de nadruk wel op dat 'mogelijke' moet vallen. In die tijd waren voor koningskinderen de mogelijkheden immers beperkt, want nóg heerste de opvatting, dat tussen personen van koninklijken bloede en overige stervelingen een onoverbrugbaar verschil bestond. Op de keper beschouwd was dat voor de koningskinderen het beroerdste. Speelgoed en mooie kleren in overvloed, alles wat hun hartje aan stoffelijke zaken kon begeren, dat wel. Tevens echter: nooit met een kwartje op zak en gearmd met een paar vriendinnen naar de kermis. Nooit met een stel per tram naar Scheveningen, onderweg ginnegappend om malle mensen met rare neuzen, gekke hoeden of een tic. Nooit na schooltijd in de lunchroom je zakgeld verbrassen aan taartjes van de vorige dag, nooit in je eentje in de stad sinterklaascadeautjes uitzoeken. De wereld was als een prentenboek, waarnaar de koningskinderen alleen maar konden kijken. En in het uiterste geval werd de wereld het paleis binnengehaald. Zo werd voor Juliana eens een kermis thuis georganiseerd. Dat was wel aardig, echter niet 'hetzelfde'.

Of Juliana dit alles als een werkelijk gemis ervoer? Ik geloof van niet, althans destijds niet. Ze was ermee opgegroeid altijd een verzorgster bij zich te hebben, op al haar schreden buiten het paleishek te worden vergezeld door volwassenen: hofdames, lakeien, rechercheurs. Ze wíst niet wat het was helemaal alleen iets te ondernemen buiten de muren van het ouderlijk huis of om een deel van de dag alleen te zijn – iets anders dan: eenzaam zijn.

Aangenomen mag worden dat Juliana een gelukkige jeugd had, al zou ze graag broers en zusters hebben gehad. Een 'grote broer' leek haar het einde.

Het besef dat ze anders was kwam pas later; misschien werd ze voor het eerst met haar neus op de feiten gedrukt toen ze met haar ouders naar de schouwburg ging, waar een heleboel kinderen waren. Al die kinderen kregen een vlaggetje – alleen prinses Juliana niet.

Aan écht vergelijkings'materiaal' ontbrak het haar echter. De vriendjes en vriendinnetjes kwamen allen uit de 'betere kringen', hadden evenals Juliana kindermeisjes en hun ouders hadden evenals Juliana's ouders personeel. Ze woonden

Het koninklijk gezin anno 1910 poseerde zelden voor fotografen, die hun toevlucht namen tot montage-opnamen: de gezichten van koningin, prins en prinses op de lichamen van 'gewone stervelingen'. (BP)

in grote huizen, naar hedendaagse begrippen halve paleizen, en geld vormde vrijwel nooit een probleem.

Aan de zorgeloosheid kwam in zekere zin een einde door het uitbreken van de Eerste Wereldoorlog. Koningin Wilhelmina en haar dochtertje waren op die bewuste dag in Paleis Het Loo; prins Hendrik, die een bezoek aan de Russische tsarenfamilie had gebracht, was weliswaar reeds op de terugweg maar verbleef nog in Scandinavië; koningin-moeder Emma logeerde bij haar familie in Duitsland. Koningin Wilhelmina verzocht beiden telegrafisch onmiddellijk naar huis te komen en reisde zelf spoorslags naar Den Haag, om samen met haar ministers een neutraliteitsverklaring op te stellen en de mobilisatie en het verdere beleid in oorlogstijd te regelen. Haar kind kwam haar een dag later achterna, verbijsterd door de bedrukte gezichten van haar omgeving en ontdekkend dat haar moeder absoluut geen tijd voor haar had.

Het was Juliana's eerste les in het koningschap: altijd en onder alle omstandigheden gaat de kroon boven persoonlijke belangen. Wie weet hoe vaak Juliana aan die nazomer van 1914 heeft teruggedacht toen zij zélf haar functie moest laten prevaleren boven hetgeen haar hart haar ingaf, boven haar liefste verlangens. Zoals ten tijde van de Hofmans-affaire, het Lockheedschandaal, het huwelijk van Irene en van slepende, moeizame kabinetsformaties.

De lange vakanties op Het Loo werden voorlopig geschrapt; moeder was dagen achtereen van huis om troepen te inspecteren. Grootmoeder Emma was stil; ze had zowat haar hele familie in Duitsland, dat in oorlog was met Engeland, waar haar jongste zuster, hertogin van Albany, haar thuis had. Prins Hendrik maakte zich eveneens ongerust over zijn familie in het door het Russische leger bedreigde Oost-Pruisen.

Toen het erop ging lijken dat de strijdende partijen, die om het hardst hadden geroepen de Nederlandse neutraliteit te zullen eerbiedigen, hun belofte gestand zouden doen, werd de spanning binnen het paleis wat minder. Medio september trok koningin Wilhelmina met man en kind naar Huis ten Bosch, vanwaar ze in geval van nood in een halfuur in Paleis Noordeinde kon zijn. Huis ten Bosch was nog echt een 'huis in het bos', en al was het omringende park niet te vergelijken met dat van Het Loo – één groot voordeel had het, vond Juliana. Vanuit de gracht kon helemaal worden gevaren naar de koninklijke landgoederen De Horsten – waar prinses Christina gewoond heeft. Dat was een tocht van anderhalf uur. Voor onderweg gingen broodjes en drinken mee en voor Juliana een schepnet en potjes, die ze vulde met waterplanten, torretjes en stekelbaarsjes.

Aan het verblijf in Huis ten Bosch was gedurende de Eerste Wereldoorlog ook een nadeel verbonden: bij zuidenwind deden het Belgische en Duitse geschut in Vlaanderen de ruiten trillen in hun sponningen.

Wilhelmina had in die Eerste Wereldoorlog ongetwijfeld heel wat aan haar hoofd en ze moet wel blij zijn geweest dat er tenminste één ding was geregeld: het onderwijs voor haar dochter, die in 1915 de leerplichtige leeftijd bereikte. Dat Juliana naar een gewone school zou gaan – zoals later haar eigen kinderen en kleinkinderen – was volstrekt ondenkbaar. Evenmin echter voelde koningin Wilhelmina ervoor haar kind privé-onderricht te laten geven zoals zij dat zelf had genoten, of beter: geleden.

Stelt u zich dat voor: lange uren achtereen onder toezicht van een gouverneur of gouvernante. Geen klasgenoten om mee te wedijveren en te lachen en altijd maar weer topprestaties te moeten leveren, altijd op ieder foutje, iedere tekortkoming te worden gewezen. Dat nooit, zwoer Wilhelmina, die reeds in januari 1914 contact zocht met onderwijsvernieuwer Jan Ligthart – de man van het leesplankje met aap-noot-Mies. Hij kwam eens met Juliana praten, sloeg haar tijdens haar spel gade en was het met de moeder eens: geen privé-onderricht voor Juliana. Wél huisonderricht, echter te zamen met andere meisjes. In de zomermaanden in Huis ten Bosch, 's win-

1909-1919

Het prinsesje kreeg vijf voornamen, als laatste die van haar moeder Wilhelmina; de koningin op haar beurt was vernoemd naar de vele Willems die een rol in de vaderlandse geschiedenis hebben gespeeld. Bij de geboorte van Juliana's oudste dochter werd de traditie voortgezet: Beatrix' tweede naam luidt eveneens Wilhelmina, en haar oudste kind werd dan weer een Willem, Willem-Alexander. (RVD)

ters in Paleis Noordeinde deed één vertrek dienst als klaslokaal. Vier standaardbanken tussen het neogotiek, het Victoriaans en het empire. Platen van Jetses, opgehangen aan de knoppen van antieke kastjes of over de konterfeitsels van vroegere Oranjes en hun gezinnen heen.

Het normale lagere-schoolprogramma werd afgewerkt, met een stuk of wat extra's: muziekles, waarvoor Catharina van Rennes tekende – de vier meisjes waren niet op haar gesteld, noemden haar achter haar rug om 'muzikale Katrijn' – tuinieren op eigen lapjes grond bij Huis ten Bosch; Frans, en voor Juliana godsdienstonderwijs, waarmee haar moeder zich belastte. De band tussen de leerlingen was hecht. Was een van hen ziek, dan stuurden de anderen haar cadeautjes en brieven. Van Juliana zijn er nogal wat bewaard gebleven; daaruit blijkt dat de prinses tuk was op 'lol trappen' en heel wat populaire uitdrukkingen kende: ophoepelen, ouwelui en 'knol', tot ontzetting van de zeer op paarden gestelde koningin Wilhelmina.

In 1916 bereidde de koningin haar kind een geweldige verrassing: een paar weken naar zee! Er werd in Katwijk een villa gehuurd, en moeder – met hoed natuurlijk – en kind – eveneens met hoed – wrochtten zandkastelen, op respectabele afstand gadegeslagen door een als lakei vermomde rechercheur. Ze maakten door de duinen ritten te paard en genoten zozeer dat de koningin een eigen strandhuis liet bouwen.

Het enkele jaren geleden afgebrande De Ruygenhoek kwam begin april 1917 gereed; het koninklijk gezin verbleef er tot december. Juliana werd per rijtuig heen en weer gebracht 'naar school'. Het was de bedoeling om ook het volgende jaar tot vlak voor Sinterklaas in Scheveningen te blijven. Waar echter het eind van de oorlog in zicht kwam, grepen de vlammen van de in 1917 in Rusland begonnen revolutie snel om zich heen en dreigden ook naar Nederland over te slaan. Voortijdig keerde het koninklijk gezin terug naar Paleis Noordeinde. Op dezelfde dag als waarop in Compiègne de wapenstilstandsonderhandelingen hun beslag vonden, riep in Rotterdam SDAP-leider Jelles Troelstra de 'arbeiders' op om de politieke macht te grijpen. De volgende dag herhaalde hij zijn oproep, nu in de Tweede Kamer, en liet de regering weten dat deze niet meer hoefde te rekenen op politie en leger. Weer een dag later verklaarde hij allerminst 'een staatsgreep' te wensen, wél echter sociale hervormingen, waarmee de regering zich trouwens kon verenigen. Inmiddels probeerden communistische demonstranten de in Amsterdam gelegerde huzaren te bewegen zich bij hen aan te sluiten om gezamenlijk de vlam in de pan te laten slaan. De demonstranten werden van het kazerneterrein verdreven, waarbij drie doden vielen.

In allerijl richtten Nederlandse officieren de 'Bond van Regeringsgetrouwen' op en nodigden het koninklijk gezin uit om op het Haagse Malieveld een aanhankelijkheidsbetuiging jegens Oranje te komen bijwonen.
Voor het eerst van haar leven werd de negenjarige Juliana geconfronteerd met een uitbarsting van Oranjeliefde, van een vorm van massahysterie die binnen onze grenzen zijn weerga nog niet heeft gevonden. De paarden van het koninklijk rijtuig werden uitgespannen door militairen, die de koets nu verder trokken... zoals daags tevoren op het terrein van de Koninklijke Stallen was geoefend. De hele demonstratie was zorgvuldig geregisseerd, maar bléef voor een kind toch wel beangstigend.
Op bij de gebeurtenis gemaakte foto's staat koningin Wilhelmina glimlachend afgebeeld, prins Hendrik bedenkelijk en Juliana zéér ernstig.

Juliana heeft altijd de prettigste herinneringen bewaard aan Paleis Het Loo, dat er in haar kleutertijd een verdieping bij kreeg. Bij de jongste restauratie zijn gebouw en tuin ingrijpend veranderd. (RVD)

1909

HET VADERLAND

- VERSCHIJNT 3 MAAL DAAGS -

Prijs f3.- per kwartaal voor geheel Nederland

BULLETIN

Officiëel.

's Gravenhage, 1 Mei 1909,
9 uur voormiddag.

Koningin en Prinses.

De toestand van H. M. de Koningin en van de Prinses is alleszins bevredigend.

De nacht verliep zeer rustig.

(was get.) Prof. Dr. B. J. KOUWER.   (was get.) Dr. ROESSINGH.

In de eerste weken na Juliana's geboorte verschenen dagelijks bulletins over de gezondheid van moeder en kind. Ze werden bevestigd aan het hek van Paleis Noordeinde en verschenen in de dagbladen. (BP)

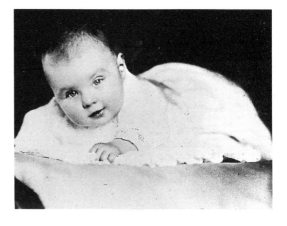

Koningin Wilhelmina maakte talloze foto's van haar kleine dochter; ze was buitengewoon trots op haar 'sterk en gezond kind'. (NFP)

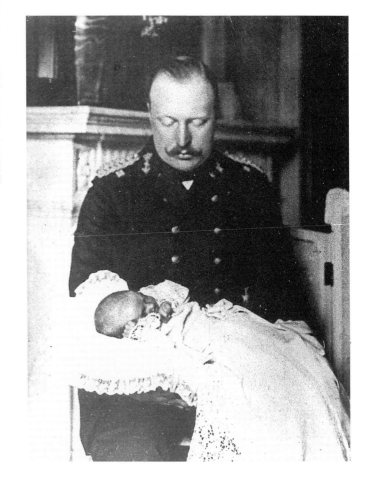

Een van de weinige foto's uit de eerste maanden van het leven van Juliana: prins Hendrik kijkt bewonderend naar de jonge dochter die in zijn armen ligt. (ANP)

1910

Links: Net één jaar was Juliaantje toen ze in haar geboortehuis, Paleis Noordeinde, met vader en moeder op de kiek ging. Ze kon al aardig lopen, had nog niet zoveel haar en ging gekleed in de snoezigste jurkjes met kantjes, ruches en oprijgjes. (BP)

Van dezelfde fotosessie dateert deze opname van het prinsesje achter een tafel met allerhande speelgoed. Blijkbaar had Juliaantje meer belangstelling voor moeder, die probeerde haar aan het lachen te maken, dan voor de blokken. Het prachtige speelgoed van het koningskind wekte weleens de afgunst van andere kinderen op. (RVD)

In mei 1910 bracht het koninklijk gezin het gebruikelijke officiële bezoek aan Amsterdam. De hoofdstedelingen liepen voor het Paleis op de Dam te hoop om Juliaantje voor het eerst in levenden lijve te kunnen aanschouwen. Wilhelmina, steeds bedacht op de gezondheid van haar kind, liet zich met kinderwagen en baby naar het Vondelpark brengen om er een uurtje te gaan wandelen: de baby moest frisse lucht hebben! (BP)

1911

Een groot deel van de zomer van 1911 werd doorgebracht op de Veluwe, in Paleis Het Loo, dat nog over een eigen stationnetje beschikte. Voor de aankomst van het koninklijk gezin was heel Apeldoorn op de been. Iedereen wilde het prinsesje zien. De kleine was al mans genoeg om zelf aan moeders hand naar het wachtende rijtuig te lopen. (ANP)

Een poppewagen had het kindje natuurlijk ook — en wat voor een! Een luxe exemplaar op de in die tijd zo moderne hoge wielen en met een opvouwbare kap. Betwijfeld moet worden of Juliaantje ooit zó poseerde — het lijkt een tikje ongeloofwaardig dat haar moeder haar in 1911 met een Nederlands vlaggetje in de hand liet vereeuwigen. Dus wéér een montage? Dan wel een heel geslaagde! (BP)

1911

Begin juli 1911 bracht de Franse president Armand Fallières een staatsbezoek aan Nederland. Behalve de gebruikelijke onderscheidingen voor zijn gastvrouw en gastheer en hun hofhouding, de manchetknopen en gesigneerde foto's voor de leden van het paleispersoneel, had hij in zijn bagage een hele vracht speelgoed voor prinses Juliana bij zich: allerlei poppen, een poedeltje, een ezeltje en een levensgrote zwaan, die op wieltjes was gemonteerd. En die was zó bijzonder, dat Juliaantje zowaar een schuchter glimlachje vertoonde toen ze ermee werd vereeuwigd. Een afdruk van deze foto ging naderhand naar het Parijse paleis Elysée, waar de Franse presidenten resideren. (BP)

1912

Een van de mooiste foto's die ooit van koningin Wilhelmina en haar dochter zijn gemaakt. Plaats van handeling was Paleis Huis ten Bosch – onvoorstelbaar, dat de koningin en de prinses naar het foto-atelier zouden komen! – en verantwoordelijk voor de opname was de Haagse fotograaf Deutmann. Tegenover een ieder die het maar horen wilde, verklaarde hij aan deze opname absoluut niets te hebben geretoucheerd. De foto was o.a. een geschenkartikel bij pakken waspoeder. (BP)

En zo ging het kleine ding in 1911 tijdens het officiële bezoek aan de hoofdstad in Artis aapjes kijken: grote hoed op de vlasblonde haartjes, wit pakje aan en omringd door volwassenen. Links zuster Marting en rechts Jkvw. Van de Poll: de vriendelijke, verstandige vrouwen aan wie de dagelijkse verzorging van het koningskind was toevertrouwd. (BP)

1913

Het jaar 1913 stond geheel in het teken van de bevrijdingsfeesten: een eeuw tevoren was er een einde gekomen aan de Franse overheersing (1795-1813) over ons land. Van noord tot zuid, van oost tot west vierde Nederland feest. De herdenking in Amsterdam kreeg een bijzonder tintje door de aanwezigheid van het gehele koninklijk gezin. (BP)

In 1914 werd Juliana vijf jaar en was toen 'moeders grote meid'. Omdat ze zoveel van dieren hield, gaven haar ouders haar als verjaarscadeau een groot aquarium met allerlei vissen en waterplanten en ook salamanders en kikkers erin. Twee jaar eerder zag het ernaar uit dat Juliaantje geen enig kind zou blijven, maar helaas eindigde Wilhelmina's zwangerschap toen in een miskraam. (BP)

Juliana in 'dameszit' op haar eerste pony. De prinses is nooit zo'n enthousiast amazone geworden als haar moeder, hoewel ze in haar jeugd graag lange ritten door de kroondomeinen of in de duinen maakt. 'Onderweg hielden wij altijd een pauze,' aldus Wilhelmina, 'die het hoogtepunt was van de tocht en dan vertoonde zij zelfbedachte kunsten. Zij was zó vrolijk en haar stemmetje bracht zoveel geluid voort dat wij haar moesten leren bij paarden wat stiller te zijn.' (BP)

1913

Het was een aanvallig kind, de troonopvolgster anno 1912, een kind met een duidelijk gevoel voor humor en met achter een schuchter lachje een tomeloze energie, plus een uitgesproken voorkeur voor wilde spelletjes. (BP)

1914-1915

Klein was ze, nog zo klein – maar al moest ze drie stappen nemen tegen haar verzorgsters één, ze hield de 'grote mensen' bij. Reeds in haar kinderjaren had Juliana een hekel aan gedrentel en zelfs tegen het einde van haar regeringsperiode had ze er bij stadswandelingen en bezichtigingen steeds stevig de pas in. Voor wat oudere 'autoriteiten' was het soms moeilijk om hetzelfde hoge tempo aan te houden. (BP)

In 1915 vonden veel mensen het maar zo zo, dat er foto's van de barrevoets lopende troonopvolgster in omloop kwamen. En dan ook nog in een ochtendmanteltje... zo iets kón toch niet! Dat kon best, vond de toch vrij preutse koningin Wilhelmina, die de publikatie van deze opname gemakkelijk had kunnen verbieden. Ze vond echter dat er in die tijd wel belangrijker dingen aan de orde waren dan een paar blote kindervoetjes. (foto Ziegler/RVD)

1915-1916

Voor hoffotograaf Deutmann was het een hele toer om enigermate originele foto's van prinses Juliana te maken. Gelukkig bracht haar welvoorziene speelgoedkast meestal uitkomst. Overigens heeft Juliana nooit echt een paard of een span paarden gemend. (BP)

Juliana met Helga, het gladharige tekkeltje van haar vader. Het beestje had een bijzonder onafhankelijke natuur en als de familie op Het Loo was, ging het er geregeld tussenuit, waarop prins Hendrik uren roepend en fluitend door de bossen dwaalde en vast niet eerder ging slapen voordat Helga was opgespoord. (foto Ziegler/RVD)

In 1916, ten tijde van de Eerste Wereldoorlog, durfde koningin Wilhelmina niet al te ver uit de buurt van Den Haag te gaan. De jaarlijkse vakanties op Het Loo werden geschrapt, maar een paar weken aan zee, in Katwijk, kon nog net. Moeder en dochter genoten van strand en buitenlucht en als blijk van waardering voor de terughoudendheid van de Katwijkse bevolking trakteerde de koningin de jeugd van het vissersdorp op een groot feest. Juliana mocht mee, maar mocht slechts toekijken... (BP)

1916

In de Eerste Wereldoorlog maakte het koninklijk gezin meer en meer gebruik van auto's; krachtvoer voor de paarden, die de koetsen moesten trekken, was immers schaars en moest liever worden gebruikt voor de dieren van de cavalerie, die mede onze grenzen bewaakte. Omdat de auto's in die tijd nog geen doelmatige verwarming hadden, werd Juliana voor iedere rit stevig ingepakt. (BP)

Eveneens tijdens de Eerste Wereldoorlog moest Juliana ervaren dat voor haar moeder het land belangrijker was dan het gezinsleven. Wilhelmina had geen tijd om zich veel met haar kind te bemoeien. Gelukkig schonken verzorgsters het prinsesje de aandacht die zij zozeer behoefde. En verder was er altijd nog de vader, prins Hendrik, die als kind uit een groot gezin steeds weer andere spelletjes voor zijn dochter wist te bedenken. (BP)

1917

Graag ging het prinsesje op bezoek bij paleispersoneel en bij vroegere verzorgsters. Ze vond het prachtig om 'echte huizen' van binnen te zien, te spelen met de kinderen of een nest jonge hondjes of katjes te bekijken. In haar haast om al dat verrukkelijks deelachtig te worden, vergat ze weleens haar koninklijke waardigheid... (BP)

De winter van 1917 was streng; Wilhelmina, bijna overspannen door de internationale toestand en binnenlandse problemen zoals dreigend voedselgebrek, had een verzetje broodnodig. Met moeder en dochter maakte zij een tochtje met de arreslee door het Haagse Bos, dat toen nog een écht bos was. (BP)

Omdat koning Willem III schaatsen voor meisjes 'onbetamelijk' vond, moest Wilhelmina het, met behulp van haar moeder, stiekem leren. Juliana niet; die mocht het ijs op zodra ze dat wilde. Het liefst schaatste ze daar waar veel mensen waren, dus op de ijsbaan in Den Haag. In januari 1917 mocht ze mee naar Leeuwarden, begin- en eindpunt van de tweede Elfstedentocht. (RVD)

In 1917 kwam huize 'De Ruygenhoek' gereed, het buitenverblijf dat Wilhelmina in de Scheveningse duinen had laten bouwen. Het koninklijk gezin bracht er het grootste deel van de zomer en een flink stuk van de herfst door en de schaarse vrije uurtjes die de koningin zich gunde, werden samen met Juliana op het strand doorgebracht. (Archief 'Vorsten vandaag')

1918

Het koninklijk gezin genoot altijd veel aandacht als het in de openbaarheid trad.

Rechts: Het koninklijk gezin in het vroege voorjaar van 1919, toen ook voor Juliana en haar ouders het leven weer enigszins normaal was geworden en het geregelde contact met de, overwegend Duitse, familie was hersteld. Helaas begonnen in deze periode ook de moeilijkheden tussen koningin en prins, mede doordat prins Hendrik financieel geheel afhankelijk van zijn vrouw was geworden, omdat zijn inkomen uit de Mecklenburgse bezittingen werd stopgezet. (ANP)

In 1915 ging Juliana naar de lagere school: een uit vier leerlingen bestaand klasje in het paleis. Ze had daardoor vrijwel dagelijks contact met leeftijdgenoten; ook kwamen geregeld kinderen van diplomaten en hoffunctionarissen in het paleis met de troonopvolgster spelen. Overwegend echter was het prinsesje aangewezen op het gezelschap van volwassenen. (BP)

1918

1909-1919

DIT GEBEURDE IN NEDERLAND

1909 Oprichting van Chr. Ned. Vakverbond en Soc.-Dem. Partij. – Opening van het Centraal Instituut voor Hersenonderzoek te Amsterdam.

1910 Militair bivak op Ned. Nieuw-Guinea wordt 'Hollandia' gedoopt. – Amerikaanse ex-president Theod. Roosevelt bezoekt Amsterdam. – Verijdeling staatsgreep in Suriname. – Eerste gemeentelijke subsidie voor Concertgebouworkest. – Vliegdemonstratie op het nieuwe vliegveld Soesterberg. – Nobelprijs voor fysicus J.D. van der Waals.

1911 Zeeliedenstaking in Amsterdam en Rotterdam. – Op prinsjesdag bieden 20 000 personen het volkspetitionnement voor algemeen mannen- en vrouwenkiesrecht aan. – Anthony Fokker geeft vliegdemonstratie boven Haarlem. – Achturige werkdag voor diamantbewerkers.

1912 Uitbreiding en reorganisatie van het leger. – De nieuwe Armenwet wordt van kracht. – Oprichting van het Ned. Olympisch Comité.

1913 Tweede Kamer akkoord met staatspensioen voor 70-jarige arbeiders. – Int. Vrouwendag te Amsterdam. – Opening Frans Hals Museum te Haarlem. – Tweede Kamer neemt Ziektewet aan. – Opening Vredespaleis in Den Haag. – Nobelprijs voor prof. H. Kamerlingh Onnes.

1914 Zaandam krijgt als eerste Ned. gemeente een socialistische burgemeester. – Staking Twentse textielarbeiders om CAO af te dwingen. – Algemene mobilisatie. – Uitgifte van zilverbons. – Belgische vluchtelingen in Nederland.

1915 Anthoni van Leeuwenhoek (zieken)huis te Amsterdam gesticht. – De 'Katwijk' door Duitse marine getorpedeerd. – Demonstratie tegen verlenging dienstplicht tot de leeftijd van 40 jaar. – Het kabinet stelt algemene kieswet voor.

1916 Watersnood o.a. in Noord-Holland. – Intrekking alle verloven i.v.m. door Duitsland verwachte Engelse landing op Nederlandse kust. – Ned. Ver. voor Vrouwenkiesrecht organiseert vrouwendag. – Tweede Kamer neemt Ouderdomswet aan. – Brits-Indische contractarbeiders in Suriname. – Instelling van Postcheque- en Girodienst. – Distributiewet ingevoerd.

1917 Drie Nederlandse vrachtschepen getorpedeerd. – Elfstedentocht. – Eerste Nederlandse Jaarbeurs te Utrecht. – Aardappeloproer in Amsterdam. – Grondwetsherziening.

1918 Oprichting Arb. Jeugd Centrale. – Tweede Kamer aanvaardt wetsvoorstel voor Zuiderzeewerken. – In Amerikaanse en Britse havens 135 Ned. schepen in beslag genomen. – Voedselrellen in Amsterdam. – Duits ultimatum inzake goederentransporten door Limburg naar België. – Installatie van Volksraad in Batavia. – Treinongeluk bij Weesp eist 36 doden. – Soldatenoproer in de Harskamp. – Troelstra roept op tot revolutie.

1919 In de metaalindustrie wordt de eerste landelijke CAO afgesloten.

1919-1929

In alle fleur van de eerste jeugd

(Koningin Wilhelmina)

Tien werd ze, en evenals op voorgaande verjaardagen kreeg ze uit alle delen van het land pakjes. Zeeland spande de kroon; het verraste de troonopvolgster met een ladenkastje met inhoud – kanten zakdoekjes, gouden en zilveren klederdrachtsieraden, een beursje met zilveren knip, allerlei boeken over de provincie. Een kostbaar geschenk, waaraan alle Zeeuwen hadden bijgedragen omdat het tevens een geschenk met een symbolische betekenis moest zijn. Tijdens de slepende vredesonderhandelingen waren in geallieerde kringen immers stemmen opgegaan om België, dat zozeer onder de oorlogshandelingen had geleden, althans in materieel opzicht enigszins schadeloos te stellen, echter ten koste van het noordelijk buurland, dat ongeschonden uit de wereldbrand te voorschijn was gekomen. Er werd geopperd om Zeeuws-Vlaanderen en een deel van Limburg aan België toe te kennen. Zeeuwen noch Limburgers wilden ervan horen en grepen elke gelegenheid aan om dit te laten blijken.

Juliana had van deze politieke verwikkelingen geen weet. Ze bedankte 'alle gevers en geefsters' door middel van een met de hand geschreven briefje – en zo hoorde het ook. De koningin, haar moeder, mocht dan wel kunnen beschikken over een leger van secretarissen en hofdames, de troonopvolgster behandelde voorlopig haar eigen correspondentie.

Tevens sprak Juliana haar blijdschap uit over het feit dat 'de overgebleven dubbeltjes aan zieke en arme kinderen zullen worden besteed'. En dat hoorde eveneens – als prinses moest je al vroeg leren je belangstelling verder uit te strekken dan hetgeen je persoonlijk aanging.

In hetzelfde jaar, 1919, nam het koninklijk gezin de gewoonte weer op om een groot deel van de zomer in Paleis Het Loo door te brengen. Per koninklijke trein van hofstad naar stationnetje Het Loo, waar schoolkinderen met bloemen en Apeldoorns burgemeester met ambtsketen ter ontvangst gereedstonden, per rijtuig het kleine afstandje naar het paleis en dan, voor Juliana, de vrijheid!

Ze mocht altijd enkele vriendinnen meenemen; die arriveerden echter wat later, omdat het geen pas gaf dat gewone stervelingen – zij het veelal van oeroude adel – zich mede koesterden in het licht van de op het koninklijk gezin gerichte schijnwerpers.

In het park bouwden de meisjes van dennetakken en een oud kleed een 'echte indianenhut'. Juliana droeg er passende kledij bij, een indianenpak met veel veren, zoals later haar eigen dochters zouden krijgen. De kinderen werden aangespoord goed te eten en voor het naar bed gaan placht prins Hendrik hen te wegen om te controleren of ze die dag wel voldoende waren aangekomen. Dat bleek nooit het geval te zijn; de koningin was het hartroerend met haar man eens en om op gewicht te komen, 'moesten' de meisjes een paar grote bonbons eten.

In Apeldoorn ook ontdekte Juliana dat het geld bij wijze van spreken voor het oprapen lag; zoals veel Veluwse kinderen ging ze bosbessen plukken en verkocht die voor een kwartje per pond aan een opkoper.

Op regenachtige dagen werden ontdekkingstochten door het immense paleiscomplex ondernomen en op een kwade dag kregen de jongedames een briljante inval: ze smeerden de preekstoel in de paleiskapel in met groene zeep. Wat een zegen voor de predikant, die de volgende zondag spreekbeurt had, dat het bijtijds werd ontdekt! Een boze koningin Wilhelmina riep de meisjes op het matje en voor straf moesten ze het glibberige spul zelf verwijderen. Daar waren ze uren zoet mee en die avond kwamen er géén bonbons op tafel. 'Voor mijn moeder,' zei prinses Margriet in de film die bij Juliana's zilveren regeringsjubileum (1973) werd gemaakt, 'is er een sterke band met Het Loo, er liggen zo veel herinneringen.'

Begin augustus was de kust op. Op de 2de vierde koningin-moeder Emma haar verjaardag in Paleis Soestdijk. Daar moest de familie natuurlijk bij zijn; na een korte logeerpartij in Baarn keerde het koninklijk gezin terug naar Den Haag en nam Juliana weer plaats in haar schoolbank. Voor het laatste jaar, want in 1920 werd de paleisklas ontbonden. 'Voortaan zou ons kind alleen les hebben,' aldus koningin Wilhelmina in haar memoires. 'Wij besloten, dat zij de belangrijkste leerstof van de HBS en het gymnasium zou doorwerken, teneinde op jongere leeftijd dan anderen met het hoger onderwijs te kunnen beginnen.'

Dat privé-onderricht was kille noodzaak en had achterwege kunnen blijven indien Juliana een broer had gehad. Dan was deze troonopvolger geweest, was Juliana op het reservebankje neergezet en had ze niet zo'n bijzondere opleiding hoeven volgen. Ze hád echter geen broer en omdat haar moeder veertig was, kon redelijkerwijs niet meer op gezinsuitbreiding worden gerekend. Juliana was en bleef enig erfgenaam van de kroon en zou, overeenkomstig de Grondwet, op haar achttiende staatsrechtelijk meerderjarig zijn. Zij kon dan het staatshoofd vervangen als regentes, of, in het ergste geval, zélf de troon bestijgen. Op die achttiende verjaardag moest Juliana dus beschikken over de theoretische kennis die voor een staatshoofd onontbeerlijk is. Goed beschouwd zat er achter haar opleiding evenveel dwang als destijds achter die van haar moeder.

Tienjarige Juliana met haar eerste polshorloge om tijdens een geliefd tijdverdrijf: spelevaren. Vanuit Huis ten Bosch werden vaak boottochtjes naar het landgoed De Horsten ondernomen. (RVD)

Mevrouw Van der Reyden, die de leiding van de paleisklas had gehad en door de meisjes 'Muf' werd genoemd, bleef voorlopig aan om de prinses verder onderricht in schrijven, rekenen, taal en aardrijkskunde te geven. Juliana's gouvernante nam de Franse les voor haar rekening en bovendien verschenen wekelijks leraren geschiedenis, staatkunde, Duits, Engels en Latijn op het paleis. Op Juliana's verzoek werd zelfs nog Griekse les ingelast. Ze mag dan wel geen uitblinkster zijn geweest, ze was wél een leergierige en ijverige leerlinge, met een voorkeur voor Nederlandse taal en letterkunde. Toen de wetenschappelijke basis stevig genoeg was, werd overgeschakeld op het door Wilhelmina aangeduide hoger onderwijs en diverse hoogleraren werden uitgenodigd de prinses te komen onderrichten.

1919-1929

Net als destijds de kermis kwam nu de universiteit aan huis.

Juliana moest stevig aanpakken en leerde haar tijd doelmatig in te delen. Er werd immers ook van haar verwacht dat zij de praktische, meer menselijke kant van het koningschap leerde kennen. Enkele keren per jaar vergezelde ze haar ouders op provinciebezoeken: Overijssel (1921), Zeeland (1924), waar Juliana eerst in een Axels en vervolgens in een Zuidbevelands kostuum werd gehesen, Friesland en Noord-Holland (1925). Ook ging ze mee naar gemeenten die hun zoveel honderdjarig bestaan vierden en steeds vaker werd zíj hoofdpersoon in plaats van haar moeder.

Op haar verjaardag in 1924 bijvoorbeeld werd haar door Haagse schoolkinderen een zanghulde gebracht; later in het jaar legde ze, eveneens in Den Haag, de eerste steen voor de Julianakerk. In 1925 gaf ze in Borgharen het startsein voor het graven van het Julianakanaal door de eerste spade in de grond te steken en enkele maanden daarvoor was ze met haar moeder in het door een windhoos vrijwel geheel platgelegde Borculo. 'Het was Juliana's eerste zelfstandige optreden,' memoreerde koningin Wilhelmina. 'Wij gingen er beiden heen en verdeelden de taak, die daar te verrichten was: het bezoeken van de bevolking en het in ogenschouw nemen van de verwoestingen.'

Haar 'eerste officiële daad' verrichtte Juliana reeds in 1919 door in Utrecht de eerste steen voor het Jaarbeursgebouw te leggen. Was het toeval of opzet dat de eerste officiële daad van haar oudste dochter bestond uit het openen (op 29 maart 1949) van de Beatrix-hal van datzelfde Jaarbeurscomplex?

Op foto's uit die jaren ziet Juliana er eigenlijk een beetje deerniswekkend uit. De mode wás al niet zo flatteus en tot overmaat werd de vijftienjarige, die met haar moeder op de Haagse kerstmarkt een boom voor Paleis Noordeinde uitzocht, een breedgerande hoed opgezet die haar tot bijna op de neus zakte, kreeg ze een vossebont om en een vormloos mantelpak aan. Ze zag eruit als dertig.

Op officiële, in het paleis gemaakte opnamen wilde ze dan wel in de lens kijken; waren er persfotografen in de buurt, dan hield ze de blik neergeslagen of afgewend. En als ze keek, lag er niet bepaald een gelukkige uitdrukking op haar gezicht. Juliana vond dat optreden in het openbaar geen pretje. Niet voor niets deed ze in 1945 via de radio een dringend beroep op alle Nederlanders om haar kinderen in hun dagelijkse leventje vrij te laten, niet naar hen te kijken zodat ze het zouden merken. Juliana herinnerde zich pijnlijk hoe 'rampzalig' zij zich vroeger had gevoeld wanneer er zo op haar werd gelet.

Of ze het prettig vond of niet, daar werd niet naar gevraagd. Het zich vertonen aan honderden vreemde mensen en het bijwonen van voor kinderen stierlijk vervelende plechtigheden hoorden er nu eenmaal bij.

Juliana privé, thuis met familie en vrienden, was een heel ander kind, een opgewekte 'bakvis', die eindeloze sinterklaasgedichten en prachtige surprises in elkaar flanste. Enthousiast nam ze deel aan het kampleven, zoals dat speciaal voor haar in het voormalige jachtchalet Het Aardhuis – nu museum – bij Het Loo werd georganiseerd. Dat de overige kampeersters zorgvuldig waren geselecteerd op achtergrond en opleiding hoeft geen betoog maar mocht de pret niet drukken. De meisjes hadden mateloos veel plezier, al werd wel van hen verwacht dat ze aandachtig luisterden naar voordrachten over diverse onderwerpen.

Uit een zo'n kamp schijnt Juliana's spitse antwoord op een ondoordachte opmerking van een vriendin te stammen. 'Mijn hemel,' merkte het meisje verbaasd op, 'Jula, wat heb jíj dikke benen.' – 'Klopt,' antwoordde de prinses droogjes. 'Daar rust dan ook het hele Huis van Oranje op.' Naar de trant van die jaren richtten de kampeersters een club op, de OCEBO, 'Onze Club een Band Overal'.

Met wéér andere vriendinnen had ze een toneelclubje, dat huisvoorstellingen verzorgde; dan waren er nog de meisjes met wie ze op dansles was en degenen met wie ze tekenles en kunstgeschiedenis volgde. En ten slotte maakte de prinses nog deel uit van een groepje dat door een lerares van de Haagse Huishoudschool werd ingewijd in de beginselen van de kookkunst. Juliana bakte er niet veel van, geen van de leerlingen trouwens, en het verhaal wil dat de lerares, wanhopig geworden door het geginnegap van de weinig gemotiveerde keukenprinsessen, ten slotte voor de eer bedankte.

Een strop voor de andere kampeersters van Het Aardhuis. Juliana had vanzelfsprekend ook corveedienst, maar nadat ze één keer had gekookt, vonden de anderen het veiliger dat ze zich bepaalde tot het schillen van aardappelen en het schoonmaken van groenten.

Eveneens in de jaren twintig ging Juliana met haar ouders op reis. Haar buitenlandse uitstapjes hadden zich tot dan toe beperkt tot familiebezoeken aan Mecklenburg en Waldeck-Pyrmont. In 1921 mocht ze mee naar Noorwegen; het koninklijk gezelschap trok met rugzak diep het binnenland in, overnachtte in 'primitieve hotelletjes, die meestentijds het midden hielden tussen een berghut en een hotel, en soms werd over meren en fjorden gevaren'. (Koningin Wilhelmina) Juliana was een van de weinigen die tijdens een storm op zee niet aan de vissen offerden. Ze stuurde een vriendin een tekening van de zeegod Neptunus, die voldaan constateerde hoe hij 'niet zo veel voer voor mijn paarden' meer hoefde te kopen nu het toerisme naar Noorwegen op gang kwam.

In de volgende jaren bezocht prinses Juliana nog Zweden, de Vogezen, Zwitserland en het Lake-District.

Bijna zestien, door de mode van 1925 veel ouder lijkend. De prinses keek niet zo stug meer in de lens als in haar prilste jeugd; ze raakte eraan gewend veelvuldig te worden gefotografeerd, maar zou er altijd een hekel aan houden. (foto Ziegler/RVD)

Op 30 april 1927 werd de troonopvolgster achttien. Haar moeder herinnerde zich dertig jaar later: 'Dit feit werd feestelijk en toch gemoedelijk herdacht. Op het diner, dat wij te harer ere gaven, verscheen zij voor het eerst in het toilet van uitgaand meisje, in alle fleur van de eerste jeugd. Ik sprak haar toe en wij dronken op haar gezondheid, waarop zij mij allerliefst en met veel tact antwoordde. – Later op de avond waren wij uitgenodigd de illuminatie te zien en een rondvaart te maken in geïllumineerde bootjes op de Hofvijver. Het was een sprookje gelijk.'

1919-1929

Op 2 mei werd Juliana geïnstalleerd als lid van de Raad van State; in de zomer vond haar kerkelijke bevestiging plaats – in de Julianakerk waarvoor zij destijds de eerste steen had gelegd – en hield zij voor het eerst een radiotoespraak. Deze was echter niet voor Nederland maar voor Nederlandsch Oost- en West-Indië bestemd. 'Het is een zo bijzonder aardig denkbeeld, dat ik vandaag met u allen mag spreken, en wel langs deze nieuwe weg waarvan de ontdekking immers van zo grote betekenis zal blijken te zijn…' begon ze. Ze had de rede zelf opgesteld, ze heeft altijd al haar toespraken – met uitzondering van de Troonrede – geschreven. Reeds op vrij jeugdige leeftijd nam ze de gewoonte aan uitspraken van anderen of citaten die haar troffen, te noteren. Je wist immers nooit hoe die nog eens van pas konden komen.

Juliana kreeg haar eigen staatsinkomen, een eigen secretariaat en de mogelijkheid om 'op zichzelf' te gaan wonen. Paleis Kneuterdijk, het laatst bewoond door de jongste zoon van koning Willem III en tegenwoordig onderdak biedend aan de Raad van State, stond tot haar beschikking. Het secretariaat vestigde zich wél op de Kneuterdijk, Juliana echter niet. Die ging in Katwijk wonen en zou, als ze in Den Haag was, liever gewoon thuis bij haar ouders logeren.

Van de vele verrassingen die Juliana op haar achttiende verjaardag werden bereid was de grootste wel haar moeders mededeling dat haar liefste wens in vervulling zou gaan. Voor een dochter van welgestelde ouders helemaal geen buitensporige wens: studeren aan de Leidse universiteit. Voor een Oranje evenmin iets uitzonderlijks: de stadhouders Maurits, Frederik Hendrik en Willem IV; de drie koningen en twee zoons van koning Willem III hebben allen een universiteit bezocht. Juliana was echter de eerste vrouwelijke student van Oranje en het had heel wat voeten in de aarde eer dat tot ieders tevredenheid was geregeld.

Inschrijven, kast (kamer) zoeken, gewoon colleges volgen was er voor haar niet bij. Universitaire examens afleggen evenmin, omdat haar middelbare schoolopleiding niet met een staatsexamen was afgesloten.

Voor alles werd een oplossing gevonden. In Katwijk, een kwartier rijden van de Sleutelstad, werden twee villa's gehuurd. In ''t Waerle' werden Juliana en drie andere – zorgvuldig geselecteerde, hoe kan het anders? – studentes ondergebracht, uiteraard met personeel en altijd een auto-met-chauffeur ter beschikking. In de tweede, aangrenzende villa woonde Juliana's secretaris-kamerheer met zijn gezin.

De Academische Senaat begreep dat Juliana toch wel gemotiveerd moest worden om haar studie serieus aan te pakken en ging ermee akkoord dat de prinses binnen een bepaalde periode één verplicht tentamen – in het volkenrecht, besliste Wilhelmina – zou afleggen, en twee in door haar zelf gekozen vakken. Dat werden de fenomeno-

Juliana, en de drie vriendinnen met wie zij in Katwijk woonde, noemden zich 'de vrolijke zeesterren'. Was er in 't Waerle iets bijzonders, dan zocht prins Hendrik zijn dochter op. (ANP)

logie – leer van de verschijnselen der godsdiensten – en moderne Nederlandse literatuur.
Er bleven een paar brandende kwesties bestaan: moesten de overige studenten opstaan als de troonopvolgster de collegezaal binnenkwam? En: waar moest de prinses haar mantel laten? Bij die van de anderen... dat gíng toch gewoon niet! Het lijkt wat op een slechte klucht; in die tijd waren dat echter púnten, en toen iemand op de gedachte kwam om het kamertje van de pedel als koninklijke garderobe te gebruiken, slaakte iedereen een zucht van verlichting.
Op 10 september 1927 vertrok de prinses naar Katwijk en op de 11de werd ze onderworpen aan het ontgroeningsceremonieel. Ze was namelijk lid van de VVSL – Vereniging van Vrouwelijke Studenten te Leiden – geworden en ontkwam niet aan een reeks door ouderejaars gegeven opdrachten. Een daarvan was het schrijven van het VVSL-jaarlied.
Dat van Juliana kwam als beste uit de bus. Juliana in de wolken, koningin Wilhelmina in alle staten: 'Was het dan nú al uit met de gelijkheid?' 'Neenee,' verzekerde de prinses haar moeder; allen hadden hun tekst anoniem ingezonden, maar voorzien van een nummer dat correspondeerde met het nummer op een tweede envelop die de naam van de inzendster bevatte. Pas wanneer de keuze was bepaald, mocht die tweede envelop worden geopend.
Zou die verklaring alle twijfel bij de koningin hebben weggenomen? Was Juliana's handschrift herkend?
Juliana maakte deel uit van de jaarclub De Zestigpoot en stortte zich geheel in het 'echte studentenleven'.
Maar wat heet 'echt'?
Wie van de overige studenten kon het zich veroorloven hoogleraren bij zich thuis uit te nodigen om alleen voor de Vrolijke Zeesterren, zoals de Waelre-bewoonsters zich noemden, voordrachten te geven?
Wie, om de hele jaarclub uit te nodigen voor een diner in eigen tuin?
Wie, om de hele club te inviteren voor een logeerpartij in haar moeders buitenhuis, Paleis Het Loo, of voor een kampweek in het Aardhuis?
Wie kon het zich permitteren om de meest uiteenlopende colleges te volgen?
Van een 'echt studentenleven' was geen sprake; Juliana róók aan het echte studentenleven.
Tot haar eer moet worden gezegd dat ze wel voor die bewuste tentamens werkte. Dat ze ervoor slaagde, zegt echter niet zo veel. In de jaren twintig was het onvoorstelbaar dat een hoogleraar de troonopvolgster zou laten zakken... wat prinses Beatrix in de jaren vijftig wél is overkomen.
Of Juliana dit alles heeft beseft, is een vraag die destijds heel wat gemoederen heeft beziggehouden. Vermoedelijk, en naarmate ze langer in Leiden was, heeft ze het verschil met de gemiddelde student wel degelijk onderkend, maar nam ze haar uitzonderingspositie op de koop toe omdat deze voor haar de enige weg vormde naar de universiteit.
Vaststaat dat de prinses gedurende die Leidse tijd in betrekkelijk ongedwongen contact met leeftijdgenoten kwam en er een aantal trouwe vriendinnen aan overhield.

In Leiden had Juliana de heerlijkste tijd van haar jonge-meisjesleven; ze had het gevoel er helemaal bij te horen, bij die studentengemeenschap van de Sleutelstad. (Archief Plantenga)

1919

In mei 1921 was het koninklijk gezin in Noordwest-Overijssel en bezocht o.a. Giethoorn. Juliana mocht helpen punteren; de burgemeester, bang dat de troonopvolgster overboord zou kukelen, hield haar steeds vast aan haar manteltje. (BP)

Met hofdame en een vriendje op de Haagse IJsclub (31 januari 1919). Juliana vond de ijsbaan altijd leuker dan de stille gracht rondom Huis ten Bosch, waar lang niet zoveel vertier was en natuurlijk ook geen muziek. (BP)

Werd op de IJsclub echter al te grote drukte verwacht en wilde Juliana beslist de ijzers onderbinden, dan moest ze zich tevredenstellen met het baantjes rijden bij het paleis – één klein meisje, en voor de rest een paar volwassenen: hofdames, rechercheurs, lakeien en een privé-baanveger... (BP)

1919-1920

Er bestaan ontelbare opnamen van prinses Juliana met haar grootmoeder Emma, die voor de kleindochter aanmerkelijk toegeeflijker was dan destijds voor haar eigen dochter. Maar toch, wanneer Juliaantje naar grootmoeders mening te kort schoot in goede manieren, werd haar de wacht aangezegd. In de zomer logeerde de prinses altijd een paar dagen in Emma's zomerverblijf Soestdijk; in de winter zocht Juliana de koningin-moeder vrijwel dagelijks op in haar paleis aan het Lange Voorhout. (foto Ziegler/RVD)

Op 25 februari 1919 verrichtte de troonopvolgster haar eerste officiële daad: ze legde de eerste steen voor het Jaarbeursgebouw in Utrecht. Vele jaren later zou haar oudste dochter eveneens in Utrecht, op het Jaarbeursterrein, haar zelfstandig debuut op het toneel van de officiële verplichtingen maken. (Archief Plantenga)

1920

Met vriendinnen richtte Juliana de toneelclub 'Achmajeem' op, die geregeld uitvoeringen 'ten paleize' verzorgde. Juliana heeft altijd graag toneel gespeeld en ook toneelstukken geschreven. (BP)

In tegenstelling tot haar moeder, die altijd privé-les heeft gehad, bracht Juliana haar lagere-schooltijd in klasseverband door. In 1920 was het uit met de pret en kreeg ook zij alléén onderricht. (ANP)

1920-1921

Juliana en haar ouders – die zij aanduidde als 'deftige dame en kostelijk man' – tegen het einde van de Eerste Wereldoorlog. Op 18 november 1918 was zij voor het eerst getuige van een uitbarsting van massale, bijna hysterische, Oranjeliefde; dat was bij de befaamde manifestatie op het Haagse Malieveld. (BP)

Wilhelmina was er niet vóór haar enig kind al te vroeg in het keurslijf van officiële verplichtingen te persen, maar besefte tevens dat Juliana niet snel genoeg kon wennen aan de omgang met vreemden, grote mensenmenigten en het licht van de schijnwerpers. Op 30 april 1921 stond zij toe dat haar jarige kind een bloemenhulde werd gebracht. (Archief Plantenga)

1921-1922

'Zonneschijntje', zoals koningin Wilhelmina en prins Hendrik hun dochtertje noemden, in 1921; van top tot teen gehuld in wit: heel flatteus bij haar lichte huid, maar voor de rest een crime, vond Juliana. Je zag er immers alles op en in haar spel was zij niet altijd even zorgvuldig met haar kleren. (foto Ziegler/RVD)

In 1924 bracht het koninklijk gezin een officieel bezoek aan Zeeland. In Axel verraste de bevolking de prinses met een origineel kostuum – en er hielp geen lieve vader en moeder aan: Juliana's haar werd in Axelse stijl ingerold, vervolgens werd ze in de kostbare klederdracht geholpen en ten slotte met enige Zeeuwse jongedochters op de foto gezet. De prinses nam het kostuum niet mee naar huis; het vond een plaatsje in een museum. (foto Ziegler/RVD)

In 1923 logeerde prinses Juliana enige tijd bij haar lagere-schoolvriendin Miek de Jonge, die naar Engeland was verhuisd. Tijdens de overtocht was de zee nogal ruw, maar de troonopvolgster bewees echte zeebenen te hebben; de deining deerde haar niet. (BP)

De regen evenmin; volmaakt tevreden, zich niets aantrekkend van de plensregen, stond ze over de reling geleund te kijken naar het spel van wind en golven en ze had ook een beetje leedvermaak omdat verschillende leden van het gevolg zeeziek werden en hun toevlucht in hun hutten hadden gezocht. (BP)

Andermaal prinses Juliana als toneelspeelster. Op 21 maart 1923 speelde zij de rol van Chinese schone. De opbrengst van de voorstelling, die werd gegeven in Huis ten Bosch, kwam ten goede aan de 'Haagsche Christelijke Vakantiekolonie'. Juliana's dochters plachten eveneens toneelvoorstellingen te verzorgen, meestal ten bate van het Rode Kruis. (Archief 'Vorsten vandaag')

1924

Juliana op vijftienjarige leeftijd. Toen haar dochters en kleinkinderen zo oud waren, bezochten zij openbare scholen en gingen om met kinderen uit allerlei milieus. De troonopvolgster van 1924 echter volgde in haar eentje het voorbereidend hoger onderwijs en haar vriendinnen werden voor haar uitgezocht. Eigenlijk is het een wonder dat Juliana, ondanks haar zo beschermde jeugd en opvoeding, een in vele opzichten zo nuchtere vrouw werd. (BP)

Ze vond het érg altijd te worden aangestaard, maar leerde in haar tienerjaren hoeveel een glimlach van 'de prinses' betekende voor de mensen die waren uitgelopen om haar te zien. (BP)

1924

In oktober 1924 reisde Juliana met haar ouders naar Ludwigslust in Mecklenburg, waar haar oom Adolf Friedrich, oudere broer van haar vader, zijn tweede huwelijk sloot. Door deze echtverbintenis werd de familiekring niet groter; de bruid, prinses Elisabeth van Stolberg-Rossla, was immers de weduwe van Adolfs halfbroer Johann Albrecht. (BP)

In 1923 vierde koningin Wilhelmina haar zilveren regeringsjubileum, hetgeen met tal van feestelijkheden in verschillende delen van het land gepaard ging. (BP)

1924-1925

In het begin van de jaren twintig maakte de koninklijke familie al geregeld gebruik van auto's; slechts bij officiële gelegenheden werden nog de paarden ingespannen. Vooral prins Hendrik was een voorstander van het snelle, gemotoriseerde vervoer. (BP)

Een voor Juliana ongewone houding en blik, een beetje van 'wie doet me wat?' Waarom ze zo zat en zo keek, is niet bekend; mogelijk werd de vijftienjarige bakvis zich langzamerhand bewust van haar vrouwelijke charme? (BP)

Bij het officiële bezoek aan Zeeland (1924) werd Juliana ook verblijd met een Zuidbevelands kostuum. En weer moest ze zich verkleden en weer werd ze met echte Zeeuwse meisjes vereeuwigd. Dat ze daarmee zo maar arm in arm stond, was in die tijd heel wat. (BP)

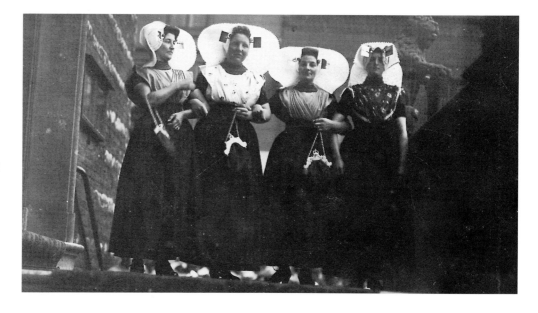

1925

Koningin-moeder Emma met haar enige kleindochter, in maart 1925. Juliana maakte een moeilijke tijd door; de spanningen tussen haar ouders waren hoog opgelopen, thuis was de sfeer vaak om te snijden en vrijwel het enige raakpunt tussen koningin Wilhelmina en prins Hendrik was het welzijn van hun dochter. Koningin Emma heeft altijd getracht te bemiddelen in de conflicten tussen haar dochter en haar schoonzoon, want ook zij had het moeilijk met de problemen tussen die twee; het idee van hun huwelijk was immers van haar afkomstig geweest en ze moet naderhand vaak zelfverwijt hebben gehad. Zij had, met haar levenservaring, moeten inzien dat Wilhelmina en Hendrik ondanks hun aanvankelijke verliefdheid niet bij elkaar pasten. (BP)

1925

Juliana en haar vader vormden een hechte eenheid, mede door hun gemeenschappelijk sterk gevoel voor humor. Met vader op stap gaan betekende voor Juliana plezier hebben, hoe vervelend de 'officiële verplichtingen' op zichzelf ook zijn mochten. (ANP)

Officieel bezoek aan Haarlem; op het bordes van het provinciehuis nam het koninklijk gezin de gebruikelijke toejuichingen van de bevolking in ontvangst. Zou Juliana hebben geweten dat het provinciehuis, vroeger 'Welgelegen' en later 'Het Paviljoen' geheten, gedurende enige jaren het zomerverblijf was van Willemijn, moeder van koning Willem I? (BP)

In 1923 maakte prinses Juliana een uitstapje naar Marken, dat nog 34 jaar zou moeten wachten tot het door een dijk met het vasteland werd verbonden. De dagtocht werd gemaakt ter gelegenheid van het bezoek dat de prinses van Erbach-Schönberg aan haar Nederlandse familie bracht. (BP)

1926

...was het een halve eeuw geleden dat koningin Emma 'aan de hand van mijn vader de vaderlandse bodem betrad' (Wilhelmina). Op de datum zelf, 10 januari, werd haar door haar dochter een groot diner in Den Haag aangeboden. In de zomer werd het jubileum in Amsterdam gevierd, onder andere met een samenkomst in de Nieuwe Kerk. (ANP)

In oktober 1926 vergezelde Juliana haar moeder bij een bezoek aan het Rijksmuseum in Den Haag. Waarschijnlijk beleefde de moeder meer genoegen aan de rondgang dan de dochter, van wie de talenten eerder op het schrijvende dan op het beeldende vlak lagen – hoewel Juliana in haar jeugd brieven aan vriendinnen op haar manier placht te illustreren. (BP)

1926

1926-1927

Het 25-jarig huwelijksfeest van Juliana's ouders was een tamelijk statisch gebeuren, waaraan uitsluitend familie te pas kwam. Naast prins Hendrik, zijn schoonzuster Elisabeth (zie blz. 45). – Hoe heel anders en vrolijker vierde Juliana haar eigen zilveren bruiloft: met een groot feest voor familie en 'collega's' uit Europa en Iran; met een bal aan boord van de 'Oranje', met een bustocht naar de Keukenhof en bezoeken aan alle elf provincies. (BP)

Links: In 1926 vierden koningin Wilhelmina en prins Hendrik hun zilveren bruiloft. Voor het familiefeest werden enkele officiële foto's gemaakt, natuurlijk ook met Juliana erbij. Ze was nu bijna zeventien en stak haar lange haar af en toe op. De hanger, die zij op deze opname draagt, heeft voor haar stellig altijd een bijzondere waarde gehad, want ook op latere leeftijd werd zij er veelvuldig mee gezien. (BP)

Op 2 mei 1927, twee dagen nadat zij staatsrechtelijk meerderjarig was geworden, werd prinses Juliana geïnstalleerd als lid van de Raad van State. Ze werd een trouw bezoekster van de vergaderingen, zoals ook haar oudste dochter en opvolgster dat zou worden. (RVD)

51

1927-1928

In 1927 ook werd Juliana's hartewens vervuld: ze mocht gaan studeren aan de Leidse Universiteit. Hoewel ze door haar medestudenten 'Jula' genoemd wilde worden, bleef zij *de prinses*, aan wie op verjaardagen en dergelijke door de andere 'Leienaars' menige zanghulde werd gebracht. (BP)

'Mijn moeder is absoluut niet ijdel', heeft een van Juliana's dochters eens gezegd. Kan best zijn, maar bij het zien van deze foto moet zelfs de niet-ijdele Juliana hebben gerild. Vermoedelijk is deze opname gemaakt op het eerste perron van het Amsterdams Centraal Station, na aankomst van een internationale trein waarmee een gaste van de koninklijke familie uit het buitenland arriveerde. (BP)

1928

Zou Juliana in de winter van haar lange leven nog hebben geweten hoe vaak zij zó is gefotografeerd – alleen dan wel met haar ouders, of haar man, aan boord van een marinevaartuig en omringd door de voltallige bemanning? Reeds als driejarige stak zij zo'n vlootbezoek af.
De procedure bij het nemen van de foto's was altijd dezelfde. Op een vastgesteld tijdstip bezetten de Jannen de hun aangewezen posten; vervolgens namen de adelborsten hun posities in, daarna stonden de officieren op hun plaats en na geruime tijd wachten arriveerden dan de *hoge gasten* met de commandant. Zodra zij gezeten waren, maakte de fotograaf, die in weer en wind al een uur in de aanslag stond, zijn opnamen en was de zaak geregeld, zoals op 23 september 1925, toen Wilhelmina en Juliana in Amsterdam de kruiser 'Java' bezochten. (ANP)

1919-1929

DIT GEBEURDE IN NEDERLAND

1919 Eerste Kamer akkoord met invoering vrouwenkiesrecht. – ELTA (Eerste Luchtvaarttentoonst. A'dam) geopend. – Oprichting KLM.

1920 Toneelstaking in Amsterdam. – Ned. regering weigert uitlevering van Duitse keizer aan de geallieerden. – Installatie Hoge Raad van Arbeid. – Nederland wordt lid van de Volkenbond. – Wet achturige werkdag treedt in werking.

1921 Oprichting Ned. Bioscoopbond. – Opening Tuschinski-theater. – Bom voor woning van militaire rechter.

1922 Opening RAI-gebouw te Amsterdam. – Zoutvondsten bij Winterswijk. – Aankondiging overheidsbezuinigingen. – Opening Ned. Hist. Scheepvaartmuseum te Amsterdam. – Grondwetsherziening.

1923 Staatsbezoek van Gustaf V van Zweden. – Invoering Dienstweigeringswet. – Zilveren regeringsjubileum koningin Wilhelmina. – Grote ontwapeningsdemonstratie te Amsterdam. – Opening Kath. Universiteit Nijmegen.

1924 Ingebruikstelling Hoogovens te IJmuiden. – Oprichting der Ver. van Kamers van Koophandel. – Mislukking Ned.-Russische onderhandelingen omtrent Ned. diplomatieke erkenning van de USSR. – Eerste Nederlandse vlucht Amsterdam-Batavia. – Nobelprijs voor prof. W. Einthoven. – Eerste radio-uitzending NCRV.

1925 Ned.-Belgisch akkoord omtrent scheepvaart op de Westerschelde. – Terugkeer tot de gouden standaard. – Kortegolfverbinding met Nederlandsch Oost-Indië. – Wervelstorm in Borculo. – VARA opgericht. – Handelsovereenkomst met Duitsland.

1926 Bouw Olympisch Stadion te Amsterdam. – Oprichting KRO en VPRO. – Vredesdemonstratie in Den Haag. – Koloniaal Instituut (nu: Museum voor de Tropen) geopend. – Invoering personele belasting en successierechten.

1927 Philips Eindhoven begint met experimentele radio-uitzendingen. Pullmanexprestrein Amsterdam-Parijs, v.v. – Koningin Wilhelmina en prinses Juliana spreken vanuit de Philips-studio in Eindhoven tot de 'West' en de 'Oost'. – Arrestatie in Nederland studerende 'Oostindiërs' i.v.m. onlusten op Java en Sumatra. – Oprichting Partai Nasional Indonesia door Soekarno. – Opening Waterloopkundig Lab. te Delft. – Fietsverlichting wordt verplicht. – Cabaretier Jean-Louis Pisuisse en zijn vrouw vermoord.

1928 Totstandkoming van de AVRO. – Eerste radioreportage van interland-voetbalwedstrijd. – De IXde Olympische Zomerspelen in Amsterdam. – Opheffing van de Muider Tol. – Opening Ned. Spoorwegmuseum in Utrecht.

1929 Telefoonverbindingen met 'de West' en 'de Oost'. – De Friesche Elfstedentocht wordt verreden. – Paleis van Volksvlijt in Amsterdam afgebrand.

1929-1939

Aan haar oordeel had het hart altijd deel

(Prof. Dr. J. Huizinga)

Twintig werd ze, en dat vierde ze twéé keer: thuis en met haar clubgenoten in ''t Waerle', en dat was meer dan ze in 1927 had durven hopen. Aanvankelijk had het in de bedoeling gelegen dat Juliana slechts ruim een jaar in Leiden zou blijven. De prinses zeurde haar moeder echter net zo lang aan het hoofd tot deze toegaf: goed dan, nog één jaar, in ieder geval tot de VVSL-lustrumviering in januari 1930. Zou de prinses hebben gehoopt dat haar moeder dan nogmaals met de hand over het hart zou strijken?
Wilhelmina toonde zich echter onverbiddelijk. Ze wilde haar kind weer thuis hebben, want dat kind moest aan het werk, wilde ze later een goede koningin worden.
Bovendien was Wilhelmina nooit voor de volle honderd procent gelukkig als zij haar dochter niet in haar onmiddellijke omgeving had; ten derde was er tussen Juliana's ouders een dergelijke kloof ontstaan dat van een normaal gezinsleven niet meer gesproken kon worden. Met andere woorden: Wilhelmina was onvoorstelbaar eenzaam geworden.
Het was te voorzien geweest, en door heel wat familieleden en vrienden voorspeld, toen de jonge koningin der Nederlanden en de iets oudere hertog van Mecklenburg-Schwerin zich in 1900 verloofden. Hun karakters en interesses liepen té zeer uiteen om de verbintenis te doen slagen. De jongelui waren echter verliefd – Wilhelmina was een beeldje, Hendrik vriendelijk en aardig – koningin-moeder Emma oefende naar de beste vorstelijke tradities van die tijd de nodige druk uit en er werd getrouwd. De eerste jaren ging het goed, maar de problemen kwamen tijdens de Eerste Wereldoorlog, die zoveel van Wilhelmina's tijd en aandacht opslokte.
Misschien had het allemaal nog zo'n vaart niet gelopen indien prins Hendrik de ruimte was gegund zich eveneens verdienstelijk voor land en volk te maken. Zijn persoonlijke beperkingen – hij was niet overmatig intelligent en zijn voornaamste belangstelling gold de jacht, land- en bosbouw – en de tijd beletten dit.
Wat leden van de koninklijke familie – toen tevens leden van het koninklijk huis – betrof, werd de eerste plaats natuurlijk ingenomen door het staatshoofd, op gepaste afstand gevolgd door de troonopvolgster. Op de derde plaats kwam de koningin-moeder – daar zorgde Europa's liefste oude dame zelf wel voor, ofschoon ze, al dan niet uit schuldgevoelens, vaak voor haar schoonzoon in de bres is gesprongen. Dan kwam er een hele tijd niets en helemaal achteraan bungelde prins Hendrik, die dit als zeer kwetsend heeft ervaren. Wie hem kende, roemde zijn goedhartigheid, zijn vriendelijkheid tegenover iedereen, zijn gulheid jegens een ieder die in nood verkeerde – wat hij zich na 1918 niet kon permitteren, daar hij geen eigen inkomen uit zijn Duitse bezittingen meer genoot en de Nederlandse wet niet voorzag in een apanage voor de echtgenoot van de koningin. Prins Hendrik maakte dus schulden, hetgeen zijn vrouw hem kwalijk nam, waardoor de verhouding aanzienlijk verkoelde, hetgeen de prins, met zijn behoefte aan gezelligheid en warmte, ertoe bracht zijn heil elders te zoeken. De nasleep van dit alles deed zich in de jaren zeventig nóg gelden.
Voor zover er tussen de koningin en de prins nog een brug bestond, was dat in de persoon van hun

Op 30 januari 1929 togen de VVSL-sters op volle sterkte naar Katwijk om 'Jula van Oranje' een onvergetelijk afscheid van haar studententijd te bezorgen. Ze zongen haar toe – en kregen versterking van de prinses zelf – en ze boden haar albums aan met foto's uit haar Leidse periode. (ANP)

kind. Was Juliana thuis, dan ontdooide de sfeer enigszins.

Alles is, achteraf bezien en zeker volgens de huidige opvattingen, zo heel begrijpelijk geweest, ook dat koningin Wilhelmina een eind maakte aan Juliana's Leidse jaren.

Juliana schikte zich in het onvermijdelijke, inclusief het aanvaarden van het eredoctoraat in de letteren en wijsbegeerte, waarvoor de rector-magnificus van de Leidse universiteit zich sterk had gemaakt, met veronachtzaming van de ongezouten kritiek van een aantal hoogleraren. De prinses, door de omgang met leeftijdgenoten kritischer geworden, is het vast heimelijk eens geweest met de tegenstanders van dat eredoctoraat. Goed beschouwd was het op zijn minst onwezenlijk dat een twintigjarige, die amper iets had gepresteerd en niet eens kon afstuderen, zo'n onderscheiding te beurt viel.

Als promotor trad op de historicus professor doctor Johan Huizinga; hij had diverse voordrachten voor de prinses verzorgd. De VVSL-sters, die kort tevoren nog samen met 'Jula van Oranje' aan de uitbundige lustrumfeesten hadden deelgenomen, togen op volle sterkte naar Katwijk om de prinses een album met foto's uit haar Leidse tijd aan te bieden en haar toe te zingen. De koningin richtte een promotiediner aan voor een stuk of dertig jonge meisjes, een paar hofdames en voor het overige een groot aantal heren op leeftijd, leden van de hofhouding en hoogleraren. Er was geen enkele jongeman aanwezig.

Het moet een dolle boel zijn geweest, en dat is ook wel te zien aan de groepsfoto die op die avond werd gemaakt. Bijna niemand kijkt écht vrolijk; prinses Juliana zit stijf en niet op haar gemak achter een model van ''t Waelre'. Koningin Wilhelmina echter hield stug vol dat het promotiediner een 'gezellig, feestelijk karakter' droeg.

Ze troostte haar dochter door deze mét een aantal vriendinnen en vrienden (!) te trakteren op een wintersportvakantie in Beieren, waar de prinses voor het eerst op de ski's stond. In de zomer organiseerde Juliana nog eens een kampweek in Het Aardhuis, ten slotte werd een langdurige reis naar Noorwegen ondernomen.

En toen?

Voor en na is gesuggereerd dat Wilhelmina haar dochter geheel buiten haar werk hield. Dit kán niet waar zijn. Koningin Wilhelmina was in veel opzichten zeer nuchter en besefte terdege dat ook zij niet het eeuwige leven had. Deze wetenschap lag mede ten grondslag aan haar weigering om Juliana de Oost te laten bezoeken; de reis alleen al zou vier weken in beslag nemen en mocht

Ook vóór haar verloving had Juliana al een druk programma van officiële verplichtingen: in 1935 opende ze de Zuidelijke Wandelweg in Amsterdam. (ANP)

haar, het staatshoofd, in die periode iets overkomen, dan zou haar opvolgster meteen beschikbaar moeten zijn.

Bovendien hield Wilhelmina te veel van haar enig kind om het risico te willen lopen dat deze onvoorbereid in het diepe zou worden geworpen, met andere woorden, ze betrok Juliana wél bij haar werk, hetgeen Juliana in 1973 nog eens bevestigde. Een van de vragen die haar in de zilveren jubileumfilm werden gesteld, luidde of zij met haar oudste dochter over haar toekomstige taak sprak. 'Jazeker,' antwoordde koningin Juliana. 'Dat heeft mijn moeder ook met mij gedaan.'

Juliana keerde Leiden de rug toe in een tijd waarin haar moeder zich grote zorgen maakte over de in 1929 ingezette economische crisis. De werkloosheid steeg snel en tot Wilhelmina's grenzeloze ergernis kon 'men (de overheid) zich niet losmaken van het slome tempo van de bureaucratie en de traagheid van de ambtelijke hiërarchie bij het wegnemen van beletselen wanneer particulieren bereid waren aan de bestrijding van werkloosheid mee te werken en met objecten voor de dag kwamen'.

De koningin, die zich betrokken voelde bij de levensomstandigheden van de werklozen, sprak met talloze slachtoffers van de crisis en bezocht veel werkobjecten. Als klankbord fungeerde Juliana, die eveneens op onderzoek uitging en een zelfs nog vollediger beeld van de algemene misère kreeg dan haar moeder. In 1931 werd namelijk de maatschappelijk werkster die zich bezighield met het personeel van Het Loo (onder wie overigens geen ontslagen vielen) ziek. Juliana bood aan haar te vervangen en bij haar vele huisbezoeken hoorde zij de nodige verhalen over familie en vrienden die hun baan waren kwijtgeraakt en van een veel te lage uitkering moesten zien rond te komen.

Er moest iets gedaan worden, oordeelde de prinses, en in het najaar van 1931 nam ze het initiatief tot oprichting van het Nationaal Crisis Comité, waarvan zijzelf als erevoorzitter zou fungeren. Opzet was de werklozen in natura te steunen; de daarvoor benodigde gelden moesten bijeenkomen door het houden van bazaars en door schenkingen. De prinses stelde Paleis Kneuterdijk beschikbaar als secretariaat en riep via radio en Polygoon-journaal de 'landgenoten' op om het comité te steunen.

Alle vergaderingen woonde ze bij en werd iemand van de staf ziek, dan nam zij haar of zijn werk over. Het comité heeft ongetwijfeld veel goed gedaan. Alles werd echter steeds duurder; het aantal mensen dat iets te missen had werd steeds kleiner, het leger werklozen steeds groter. In 1933 waren het er om en nabij de vierhonderdduizend, op een bevolking van zeven miljoen zielen. Er kwamen er nog meer bij en ten slotte zag Juliana er geen gat meer in. Op haar aandringen werd het comité dan ook opgeheven. Ze was tamelijk gedesillusioneerd; haar eerste poging om iets voor haar toekomstige onderdanen te doen, mocht dan geen totale mislukking heten, het was toch niet geworden wat zij zich ervan had voorgesteld: samen – dat woord loopt als een rode draad door heel haar leven en streven – samen iets voor minder bedeelden te doen. Misschien had ze kunnen volhouden indien in haar persoonlijk leven alles naar wens was gegaan. In maart 1934 echter, terwijl Juliana met haar moeder op Het Loo logeerde, werd koningin Emma ziek. De vijfenzeventigjarige vorstin was verkouden geweest, er waren complicaties opgetreden en de toestand was ernstig. Koningin Wilhelmina en de prinses keerden dadelijk terug naar Den Haag, namen hun intrek in Paleis Lange Voorhout en waakten om beurten bij Emma's bed, een enkele maal afgelost door prins Hendrik. Op 20 maart overleed koningin Emma. Wilhelmina's verdriet was peilloos; Juliana leed evenzeer onder het verlies van haar grootmoeder, doch 'stond er op, altijd bij mij te zijn en mij bij te staan', aldus koningin Wilhelmina.

Niettemin scheidden zich eind juni de wegen van moeder en dochter. Prinses Juliana ging logeren bij 'tante Alice',* die op dat moment in het Kensington-Palace in Londen woonde, Wilhelmina ging naar Brigue in Zwitserland en werd op de zesde dag van haar verblijf gewaarschuwd dat prins Hendrik een hartaanval had gehad en een herhaling ervan niet uitgesloten was. Telefonisch

* Tante Alice: de enige dochter van Emma's zuster Helena, die getrouwd was met Leopold, hertog van Albany en jongste zoon van koningin Victoria. Alice huwde Alexander, graaf van Athlone. Dit was een broer van koningin Mary, grootmoeder van Elizabeth II.

In september 1936 verloofde prinses Juliana zich met prins Bernhard zur Lippe-Biesterfeld, die zich heel anders bleek te gedragen dan de gemiddelde Nederlander van een prins verwachtte. Hij was 'zo gewoon', zei men. Bernhard was echter zichzelf en vond het bij voorbeeld vanzelfsprekend om zijn verloofde mee te nemen naar de Haagse Cineac, waar de film van het begin van de feestelijkheden, die drie weken in beslag zouden nemen, werd vertoond. Juliana was nog nooit zo maar in een echte bioscoop geweest. (ANP)

1929-1939

stelde de koningin haar dochter op de hoogte, verzekerde haar dat ze rustig in Engeland kon blijven, maar reisde zelf wél naar Nederland terug.

Het leek nogal mee te vallen; de prins, die verpleegd werd in Paleis Noordeinde, poogde reeds op de derde dag na de aanval op te staan: hij wilde op 3 juli graag weer de oude zijn, want dan zou in Paleis Lange Voorhout een laatste bijeenkomst plaatsvinden van mensen uit de naaste omgeving van de koningin-moeder, met wie Hendrik zo goed overweg had gekund. De artsen wisten hem ervan te overtuigen dat hij beter nog een poosje kalm aan kon doen. Koningin Wilhelmina ging dus alleen naar die bijeenkomst, was echter amper gearriveerd of moest weer hals over kop vertrekken. De prins had een tweede, nu dodelijke, hartaanval gekregen.

Wilhelmina lichtte Juliana in. 'Dat was geen gemakkelijke taak voor mij,' bekende ze. De volgende ochtend om zes uur stond ze in Hoek van Holland op de kade, waar de nachtboot uit Harwich met Juliana aan boord arriveerde. Moeder en dochter vertrokken na Hendriks witte begrafenis naar Noorwegen; daar waren ze tenminste veilig voor de pers.

In de vakantie van 1935, die werd doorgebracht in Schotland, waren ze dat niet, althans Juliana niet. Al jaren lang hield de 'roddelpers' zich bezig met haar eventuele huwelijkspartner. Dat was reeds begonnen toen ze twaalf was en haar naam werd gekoppeld aan die van de zoon van tante Alice. Iedere prins die aan het eind van de jaren twintig en het begin van de jaren dertig Nederland bezocht, werd door de pers meedogenloos achtervolgd. Serieuze kandidaten leken de hertog van Kent, vierde zoon van koning George V van Engeland, en de Zweedse prins Karel, neef van koning Gustaf V. Over hém werd in Nederland zelfs al een boek geschreven. De hertog van Kent trouwde in 1934 met Marina van Griekenland en Juliana was bruidsmeisje. Karel trouwde in 1937 met een burgermeisje en verloor zijn rechten op de Zweedse troon.

Minder aandacht besteedde de pers aan bezoekers die koningin Wilhelmina en haar dochter tijdens hun buitenlandse vakanties ontvingen. Zo ontging het de journalisten dat in de winter van 1936 prins Bernhard zur Lippe-Biesterfeld in het Oostenrijkse Igls arriveerde. Hij kwam uit Garmisch-Partenkirchen, waar hij de Olympische Winterspelen bijwoonde. Wilhelmina was allang vóór zijn telefoontje, waarin hij om 'belet' vroeg, van zijn komst op de hoogte en wist tevens wie hij was, want er had een gedegen onderzoek naar zijn antecedenten plaatsgevonden. Dat was gebeurd na een tip van de Nederlandse zaakgelastigde in Parijs, waar de prins woonde en werkte; de Nederlandse diplomaat had een zó gunstige indruk van de prins, afgestudeerd jurist, dat hij meende deze te mogen 'aanbevelen'.

Prins Bernhard werd uitgenodigd om met de dames de lunch te gebruiken. De ontmoeting verliep stroef, de aanwezigheid van de formele koningin der Nederlanden was niet bepaald geschikt om het ijs te breken. Gelukkig bezat ze de tact om, alvorens te gaan rusten, voor te stellen dat de jongelui een uurtje zouden gaan skiën. En zo begon het – op de lange latten. Juliana had nog nooit zo'n vlotte jongeman ontmoet als Bernhard. Hij kende weinig meisjes van dezelfde leeftijd die zo verlegen en intelligent waren als Juliana. Ze spraken af elkaar eens te schrijven. De paas- en de pinksterdagen bracht de prins in Nederland door en hij wist de prinses te ontmoeten zonder dat de pers er lucht van kreeg. In de volgende zomer troffen ze elkaar opnieuw, nu in Zwitserland. Er was voor gezorgd dat zich in het koninklijk gezelschap nog méér jongelui bevonden. Hun namen waren door journalisten snel achterhaald, alleen waar het prins Bernhard betrof vergisten ze zich: ze noemden hem een prins van 'Schaumburg-Lippe' en letten verder niet op hem.

Koningin Wilhelmina, prinses Juliana en hij leefden in angst en vreze dat zijn ware naam wél bekend zou worden, dat zijn relatie met de Nederlandse zaakgelastigde in Parijs aan het licht zou treden en dat voorbarige conclusies zouden worden getrokken. Want nóg waren de jongelui het niet honderd procent met elkaar eens. Dat kwam pas aan het eind van die vakantie; ze besloten tot een soort proefverloving. Bernhard zou overplaatsing aanvragen naar de Nederlandse vestiging van de I.G. Farben, waar hij in dienst was, zodat ze elkaar tenminste geregeld konden ontmoeten teneinde erachter te komen of ze werkelijk met elkaar in zee wilden gaan. Ze hadden hun verwachtingen te hoog gesteld en de journalistieke speurzin onderschat. Begin september lekte er iets uit. Wat nu? Juliana en Bernhard hadden een laatste, diepgaand gesprek en op 8 september maakte koningin Wilhelmina via de radio de verloving van haar dochter bekend.

Nederland stond op zijn kop; het feestte zoals het in geen jaren meer had gefeest. Bernhard was op slag geweldig populair, vooral omdat hij zo 'gewoon' was, zelf autoreed, zijn verloofde meetroonde naar de bioscoop en zijn eigen brood had moeten verdienen. Eind 1936 werd hij Nederlands staatsburger en als officier beëdigd en rond de kerst gingen de bruidsdagen in – één lange rij van feesten en recepties én politieke verwikkelingen, omdat de meeste autoriteiten grote bezwaren hadden tegen het hijsen van de officiële Duitse vlag, die met het hakenkruis erop; omdat er van verschillende zijden werd geprotesteerd tegen het spelen van het Duitse volkslied, het zogenaamde Horst Wessellied, en omdat enkele Duitse gasten bij diverse gelegenheden de Hitlergroet brachten. Adolf Hitler was door de houding van de 'Holländer' dermate in zijn wiek geschoten dat hij de paspoorten van familie en vrienden van de prins inhield. De prins wist de Führer evenwel tot andere gedachten te brengen. Maar de grote Mercedes, het gebruikelijke geschenk waarmee de nazi-regering indruk op 'bevriende staatshoofden en hun familie' trachtte te maken, werd in Nederland nooit afgeleverd.

Die vooroorlogse jaren van het prinselijk paar… dat leek iets uit een sprookje, al dreigde daar eind november 1937, toen Juliana haar eerste

Juliana en Bernhard in 1938 met hun eerste kind, dat ze Beatrix, 'zij die gelukkig maakt', noemden. In de 12de eeuw was er ook een Beatrix in de familie, Beatrix van Limburg, de vrouw van Rupert I van Laurenburg, die het slot Nassau bouwde. Hun kleinzoon Hendrik I was de eerste Laurenburg die zich 'graaf van Nassau' noemde. (ANP)

kind verwachtte, een ontijdig einde aan te komen. Prins Bernhard, op weg naar een jachtpartij, reed bij Muiden op een vrachtauto en werd ernstig gewond. Het prinselijk paar vierde zijn eerste gezamenlijke kerstfeest in het ziekenhuis. Pas kort voor de geboorte van prinses Beatrix mocht de prins weer naar huis, echter met het consigne veel te rusten en zo spoedig mogelijk een tijdje naar warmer streken te vertrekken. Het heeft vele maanden geduurd eer hij de oude was; Wilhelmina's opmerking dat ze erover dacht rond haar veertigjarig regeringsjubileum te abdiceren (6 september 1938) heeft zijn herstel zeker niet bevorderd. Zijn vrouw en hij wisten 'moeder' van haar voornemen af te brengen: Juliana wilde méér tijd om zich op haar toekomstige taak voor te bereiden, Bernhard wilde meer tijd om de Nederlandse samenleving te leren kennen en samen wilden ze tijd om hun gezin te voltooien.

In het voorjaar van 1939 hielden ze met hun dochtertje wintersportvakantie in het Zwitserse Grindelwald. Juliana wandelde met Beatrix, zat in het zonnetje en ging niet één keer skiën: het prinselijk paar verwachtte opnieuw gezinsuitbreiding.

1929

Tijdens haar 'vrije' Leidse jaren kon ze zich nog gemakkelijk tussen haar medestudentes begeven, want in Leiden was ze nog niet omringd door een hofhouding. (ANP)

Toen Juliana in Leiden studeerde, beperkte ze haar optreden in het openbaar tot een minimum. Alleen tijdens de vakanties trad ze geregeld voor het voetlicht; ze trok er alleen op uit of vergezelde haar ouders, zoals in juli 1929, naar een militaire parade op de Utrechtse Maliebaan. (ANP)

1929-1930

Het was geen wonder dat men zich in regeringskringen zorgen maakte om Juliana's burgerlijke staat, want het Huis van Oranje-Nassau bestond gedurende vele jaren uit slechts vier leden: koningin-moeder Emma, koningin Wilhelmina, prins Hendrik en prinses Juliana. Steeds weer laaiden verlovingsgeruchten op met betrekking tot de troonopvolgster en in het buitenland geaccrediteerde Nederlandse diplomaten zochten discreet naar een passende partij voor de prinses. (BP)

Eind januari 1930 verliet Juliana Katwijk om weer bij haar ouders thuis, in Den Haag, te gaan wonen. Ze bleef echter een bijzondere band met het vissersdorp houden en onthulde er op 19 september 1930 een monument voor de tijdens de Eerste Wereldoorlog omgekomen vissers. Ook in haar latere leven zou Juliana nog vaak en met plezier naar Katwijk terugkeren. (ANP)

1930

Op 27 januari 1930 begonnen in Leiden de lustrumfeesten van de VVSL, waarvan Juliana meteen aan het begin van haar studietijd lid was geworden. Die feesten betekenden voor haar tevens het einde van een periode van ongekende vrijheid. Met haar clubgenoten wandelde ze in een lange optocht door de Sleutelstad. Te midden van al die vrolijke jonge vrouwen viel ze niet op, hetgeen precies haar bedoeling was. (ANP)

Vier dagen later echter kon ze niet zo onopgemerkt blijven. In gezelschap van haar paranimfen reed ze in een open rijtuig naar de universiteit, waar haar erepromotie plaatsvond. Ze was stellig verdrietig dat aan haar studententijd een einde was gekomen, maar besefte terdege dat haar moeder haar nodig had en dat ze zich moest gaan voorbereiden op haar toekomst. (RVD)

1931-1932

Niet alleen was de troonopvolgster geruime tijd haar moeders particuliere secretaresse, ze kweet zich eveneens van een respectabel aantal representatieve verplichtingen. In 1931 liet ze in Groningen het instructievaartuig 'Prinses Juliana' te water. (ANP)

Van haar sociale bewogenheid gaf ze reeds als jong meisje blijk door het initiatief te nemen tot de oprichting van het Nationaal Crisiscomité. Ze woonde alle vergaderingen bij; was er op het secretariaat personeelsgebrek, dan sprong de prinses in. (BP)

1932

Juliana heeft zich haar hele leven geschraagd geweten door een sterk, onwankelbaar geloof. De kerkgang is voor haar altijd heel belangrijk geweest; het hinderde haar echter duidelijk wanneer er ruchtbaarheid aan die kerkbezoeken werd gegeven en ze bij aankomst of vertrek werd opgewacht door belangstellenden. Ook het plechtige afscheid van de dienstdoende predikant hoefde voor haar niet; ze wilde een gelovige zijn te midden van andere gelovigen en vooral niet opvallen. (ANP)

Zó was het bijna altijd, in het begin van de jaren dertig: Juliana, een jonge vrouw in de bloei van haar leven, niet wars van een grapje, een woordspeling, te midden van een aantal oudere en vooral ernstige heren, die zich zeer bewust waren van het feit de troonopvolgster te mogen ontvangen, rond te leiden of in te lichten over maatschappelijke kwesties. Zou de prinses, met haar aanzienlijke temperament, nooit eens aanvechting hebben gehad te gaan gillen van frustratie? (ANP)

1932-1933

Tot de komst van prins Bernhard naar Nederland reisde Juliana altijd per trein naar en van Het Loo. Aangezien steeds bekend was wanneer de koninklijke familie de residentie voor geruime tijd zou verlaten, was de belangstelling bij het Haagse Staatsspoor zó groot alsof het een afscheid voor jaren betrof (1932). (ANP)

Juliana in 1933 met een stel vrienden op de Haagse IJsclub. Ze was veel sportiever dan menigeen vermoedde en haar energie leek onuitputtelijk. Ze kon uren achtereen wandelen, dansen tot diep in de nacht en schaatsen tot de eerste sterren aan de hemel verschenen, zonder dat ze een spoor van vermoeidheid vertoonde. (RVD)

1933

Tijdens haar leven was Juliana getuige van schier fantastische ontwikkelingen in de techniek. Ze maakte mee hoe auto, vliegtuig, film, televisie en computer gemeengoed werden en kort na haar achttiende verjaardag sprak ze voor het eerst via de radio tot Nederlandsch Oost- en West-Indië. Weldra richtte ze zich via het nieuwe medium ook geregeld tot 'de ingezetenen des lands' en in 1933 verscheen ze voor de camera van het Polygoon filmjournaal om Nederlanders op te wekken geld te schenken aan het Nationaal Crisis Comité. (BP)

Op 2 augustus 1933 vierde koningin-moeder Emma haar 75ste verjaardag in het bijzijn van haar dochter en kleindochter, die samen met haar het bloemendefilé afnamen dat de inwoners van Soest en Baarn de jarige bereidden. Het zou Emma's laatste verjaardag zijn; in maart 1934 overleed ze na een kortstondige ziekte in haar winterverblijf: Paleis Lange Voorhout. (ANP)

1933-1934

In november 1934 logeerde de prinses bij de vorst en vorstin Zu Bentheim und Steinfurt in Burgsteinfurt, halverwege Enschede en Münster. De vorst was een zoon van prinses Pauline van Waldeck-Pyrmont, een oudere zuster van koningin-moeder Emma. (ANP)

In 1933 herdacht Nederland de 400ste geboortedag van de grondlegger van Nederland als onafhankelijke natie. Juliana bracht een bezoek aan de Nieuwe Kerk te Delft, waar Willem de Zwijger in 1584 werd begraven. (BP)

1934

In het begin van de jaren dertig leerden de Nederlanders die in het bezit van een radiotoestel waren de stem van de troonopvolgster goed kennen. Vanuit de Openbare Leeszaal in Den Haag sprak Juliana voor de zoveelste maal tot haar landgenoten. Deze foto werd als briefkaart verspreid. Kosten: '5 cts.'. (BP)

1934

De begrafenisstoet van koningin-moeder Emma. Haar stoffelijk overschot werd bijgezet in de grafkelder van de Oranjes in de Nieuwe Kerk te Delft, naast dat van haar man, koning Willem III, wiens eerste vrouw Sophie eveneens in Delft haar laatste rustplaats vond. (NFP)

Links boven: Na het overlijden van prins Hendrik namen zijn weduwe en dochter witte rouw aan, doch bleven hun normale werkzaamheden verrichten en hun representatieve verplichtingen vervullen. Wel reisden zij enkele weken door Noorwegen om te bekomen van de twee verliezen die zij zo kort na elkaar hadden geleden; in maart was immers ook koningin-moeder Emma gestorven. Nog in het wit gekleed, bezocht prinses Juliana in september Zeeuws-Vlaanderen. (ANP)

Een zeldzaam mooie opname van de 25-jarige Nederlandse troonopvolgster; zij en haar moeder waren na het overlijden van prins Hendrik de enige twee leden van het Huis van Oranje-Nassau. Deze foto werd gemaakt in Paleis Noordeinde door de toenmalige hoffotograaf Ziegler, die een meester was op het gebied van belichting. (BP)

1935

De prinses heeft altijd graag gewinkeld. In Den Haag was men eraan gewend haar in gezelschap van een hofdame en, op discrete afstand gevolgd door een rechercheur, in de bekende winkelstraten als het Noordeinde te zien. Wanneer ze al werd gefotografeerd, was dat zuiver toeval, zoals in het najaar van 1935, toen ze door een alerte fotograaf werd betrapt terwijl ze een praatje maakte met een haar bekende Apeldoornse verpleegster. De hofdame (net zichtbaar achter een voorbijgangster) bleef bescheiden op de achtergrond. (BP)

In september 1935 opende de prinses de Blindengeleidehondenschool in Amstelveen en had daarbij uiteraard veel aandacht voor de hoofdfiguranten: de honden. Ze heeft thuis altijd honden gehad – eerst Helga, het tekkeltje van haar vader, later onder andere een herdershond, die Wolf heette maar op een kwaad moment wegliep. Hoewel in de krant herhaaldelijk opsporingsadvertenties verschenen, heeft de prinses het dier nooit teruggekregen. (ANP)

1935-1936

In januari 1935 vierde de Vereniging van Vrouwelijke Studenten te Leiden, kortweg de VVSL, haar 7de lustrum. Uit alle delen van het land kwamen oud-leden naar de Sleutelstad voor een feestelijke reünie. Onder hen bevond zich natuurlijk ook Juliana van Oranje, die zelden de kans haar jaargenoten weer eens te spreken heeft verzuimd. (ANP)

En toen was Juliana verloofd. Tijdens haar wintersportvakantie in 1936 ontmoette ze prins Bernhard zur Lippe-Biesterfeld, telg uit een oud geslacht en bezig een carrière in het bedrijfsleven op te bouwen. In tegenstelling tot Juliana had hij steeds midden in het volle leven gestaan en hij opende voor haar dan ook een geheel nieuwe wereld. Na de officiële verlovingsaankondiging op 8 september 1936 vierde Nederland drie weken lang feest en werd het verloofde paar onder andere in Amsterdam enthousiast onthaald. (ANP)

1936

De prins woonde gedurende zijn eerste maanden in Nederland bij de familie Röell in 's-Graveland, maar tijdens de verlovingsfeesten logeerde hij bij zijn aanstaande schoonmoeder in Paleis Noordeinde. Op 10 september poseerde het verloofde paar voor de pers. (ANP)

In korte tijd werd prins Bernhard razend populair, vooral omdat hij zelf chauffeerde. Hij had, toen hij zich met Juliana verloofde, een aardige two-seater met een linnen kap, die meestal neergeslagen was wanneer het verloofde paar een tochtje maakte. (ANP)

1936-1937

In de maand mei die voorafging aan de verloving, bezochten moeder en dochter het Rijksmuseum weer eens; de Amsterdamse burgervader stond ter verwelkoming gereed en ook hém zal het zijn opgevallen, hoe gelukkig en elegant de prinses eruitzag. Dat ze 'plannen' had, was echter nog slechts aan enkele leden van de hofhouding bekend. (ANP)

Hoewel de leden van het koninklijk huis net als alle Nederlanders stemrecht hadden, moet worden betwijfeld of zij hun stem werkelijk ooit hebben uitgebracht. Aangenomen mag worden dat zij het stembiljet blanco inleverden, aangezien zij immers, gezien hun positie, boven de partijen moeten staan. In mei 1937, voor de Tweede-Kamerverkiezingen, kweten Juliana en Bernhard zich echter wél van hun verschijningsplicht. De verkiezingen leverden overigens een aanzienlijk verlies op voor de N.S.B. (BP)

75

1937

Juliana's bruiloft was dé grote gebeurtenis van het jaar 1937; weken lang vierde Nederland feest en had iedere stad met een beetje zelfrespect straten en gebouwen versierd en feestverlichting aangebracht. In het ouderlijk huis van de bruid, Paleis Noordeinde, was in de bruidsdagen steeds wel iets te doen en heel wat hovelingen van de oude stempel hadden het gevoel dat hun wereld instortte: hun idee van feestvieren leek in geen enkel opzicht op het idee dat de bruidegom daarover had... (BP)

1937-1938

De huwelijksreis ging onder andere naar Polen; vervolgens reisde het bruidspaar met aanhang nog naar Oostenrijk, waar Juliana werd gesignaleerd achter het stuur van de prinselijke auto. Vervolgens werden Zwitserland, Monaco en Parijs aangedaan en in april waren de jonggehuwden terug in eigen land. (BP)

Tijdens het officiële bezoek aan Amsterdam, in de zomer van 1937, maakte Juliana bekend haar eerste kind te verwachten.

1938

Op 31 januari 1938 kwam prinses Beatrix ter wereld. Juliana en Bernhard hadden een moeilijke tijd achter de rug, want in november van het voorgaande jaar raakte de prins betrokken bij een ernstig auto-ongeluk, waardoor hij ruim zes weken in het ziekenhuis moest verblijven. Juliana bleef voor de bevalling gewoon gezellig thuis in Paleis Soestdijk; ze werd bijgestaan door twee artsen en twee verpleegsters en op de achtergrond gaven ook moeder en schoonmoeder nog goede raad. Na de geboorte was het voor het paleis zó druk dat borden werden neergezet met het verzoek aan de voor moeder en kind zo nodige rust te denken. (ANP)

Hoewel Juliana kon beschikken over de diensten van een kinderverzorgster gaf ze er de voorkeur aan zich zoveel mogelijk zelf met haar eerstgeborene bezig te houden. Ze voedde haar kind ook zelf, waardoor ze in de eerste maanden na Beatrix' geboorte nogal belemmerd werd in haar bewegingsvrijheid. Ze moest immers steeds op tijd thuis zijn voor de voedingen! In de zomer van 1938 voer het prinselijk gezin met de 'Piet Hein' de Oostzee op voor een bezoek aan de familie van Juliana's vader, de Von Mecklenburg-Schwerins. (BP)

1938

In november 1938 bracht koning Leopold III der Belgen een officieel bezoek aan koningin Wilhelmina. Tussen de bedrijven door ging de koning ook even kijken hoe zijn petekind Beatrix het stelde. Juliana was nogal bevriend met de overleden vrouw van de koning, de onvergetelijke koningin Astrid, die in de nazomer van 1935 in Zwitserland het leven liet bij een auto-ongeval. (BP)

DIT GEBEURDE IN NEDERLAND

1929 Landarbeidersstaking in Oost-Groningen. – Dichting van de dijk rondom de Wieringermeerpolder. – Fusie van de Rotterdamse werven Wilton en Feyenoord. – Maastrichtse politie schiet op stakers van de Zinkwit Mij.: twee doden. – Nobelprijs voor Dr. Christiaan Eijkman.

1930 Noordersluis in IJmuiden in gebruik gesteld. – De Ned. communistische partijen verenigen zich. – De Wieringermeer drooggemalen. – Demonstraties tegen de nieuwe Vlootwet. – Ned. uitgevers en boekhandelaren organiseren de eerste Boekendag. – Ir. Soekarno in Bandoeng tot vier jaar gevangenisstraf veroordeeld.

1931 Eerste experimentele t.v.-uitzending verzorgd door de VARA. – 10% loonsverlaging voor ambtenaren in Ned. Oost-Indië. – Huurstakingen in Amsterdam. – Werklozendemonstratie in Amsterdam. – Oprichting Nat. Crisiscomité. – Oprichting van de Nat. Soc. Beweging te Utrecht.

1932 Eduard van Beinum tweede dirigent Concertgebouworkest. – Het laatste gat in de Afsluitdijk wordt gedicht. – In Nederland worden 264 194 werklozen geregistreerd.

1933 Stakingen in het visserijwezen en de confectie-industrie. – Onlusten in Paramaribo. – Muiterij op het pantserschip 'De Zeven Provinciën'. – Links-politieke radiotoespraken vrijwel verboden. – Installatie van de Economische Raad. – Elfstedentocht. – Verbod van NSB-lidmaatschap voor ambtenaren. – Retourpostvlucht van het KLM-toestel De Pelikaan Amsterdam-Batavia.

1934 De eerste Ned. geluidsfilm: 'De Jantjes'. – Koningin-moeder Emma overlijdt. – Prins Hendrik gestorven. – Jordaanoproer. – Straatgevechten tussen politie en werklozen in Rotterdam. – Nieuwe spelling ingevoerd.

– De 'Uiver' wordt tweede in handicaprace naar Melbourne.
1935 Anti-NSB-manifestatie in het Concertgebouw. – NSB behaalt bij de verkiezingen voor Prov. Staten bijna 8% van de stemmen. – Opening van het Haagse Gemeentemuseum. – NSB-ers verstoren in Amsterdamse Stadsschouwburg de opvoering van een anti-fascistisch stuk. – Max Euwe wereldkampioen schaken.
1936 De regering trekt 126 milj. uit voor droogmaking Noordoostpolder. – Lidmaatschap NSB verboden voor katholieken. – Oprichting Comité van Waakzaamheid door anti-nat.-soc. intellectuelen. – Verloving prinses Juliana met prins Bernhard zur Lippe-Biesterfeld. – Nederland verlaat de gouden standaard. – Nobelprijs voor chemicus Pieter de Beije.
1937 Huwelijk Juliana en Bernhard. – Duitse politieke vluchtelingen in afwachting van hun uitwijzing in verzekerde bewaring gesteld. – Tweede Kamer akkoord met verlenging van dienstplicht en uitbreiding van het leger. – Regering erkent de Italiaanse koning als keizer van Abessinië.
1938 Ned. regering stelt verplichte werkloosheidsverzekering voor. – Beatrix geboren. – Ruim één miljoen radiotoestellen in Nederland. – Grote anti-fascistische demonstratie in Amsterdam. – Opening Kröller-Müller Museum in Otterlo. – Viering veertigjarig regeringsjubileum koningin Wilhelmina. – Rotterdamse burgemeester verbiedt voetbalwedstrijd Duitsland-Nederland.
1939 Ned. erkent Spaanse regering van Franco. – Twee NSB-kamerleden uit vergaderzaal van de Tweede Kamer verwijderd. – In Westerbork komt kamp voor gevluchte Duitse joden. – Bij statenverkiezingen verliest de NSB de helft van haar zetels.

1939-1949

Juliana was geweldig

(Alice, gravin van Athlone)

Dertig werd ze, en voor vrienden en familie gaf ze een feestje thuis, in de rechtervleugel van Paleis Soestdijk. Voor een troonopvolgster niet bepaald een royale behuizing: boven slaap- en logeervertrekken, op de begane grond voor prins en prinses ieder een werkkamer, dan een eetkamer met aangrenzende pantry en de bibliotheek, tevens zitkamer. Verder een ontvangstsalon, andermaal twee gastenappartementen, een kinderkamer en aan het einde van de gebogen gang een gymnastiekzaal. In het souterrain dagverblijven voor personeel en recherche, de keuken en ten slotte de huisbioscoop.

Grote gezelschappen werden door het prinselijk paar ontvangen in het middengedeelte van het paleis, waarin zich enkele flinke zalen bevinden: de Waterloo- en de Stuczaal, de Witte Eetkamer en de kleinere Leuvenzaal. De linkerpaleisvleugel bleef gereserveerd voor de eigenaresse, koningin Wilhelmina.

Den Haag had zich wat sneu getoond door Juliana's besluit in Baarn te gaan wonen. Het prinselijk paar wilde eventuele kinderen echter het voorrecht geven buiten op te groeien, voorts had Juliana aan Soestdijk goede herinneringen en, het belangrijkste, het park ligt vrijwel geheel aan de achterzijde, veilig voor onbescheiden blikken. Zo onderging de linkervleugel van Soestdijk – aan het eind van de 17de eeuw gebouwd als jachtslot voor de stadhouder-koning en in het begin van de 19de eeuw ten behoeve van de Held van Waterloo, koning Willem II, uitgebreid met de beide vleugels – een grondige metamorfose. Er werd gehakt en gebroken, de gang aan de voorzijde werd verbreed. Er kwam centrale verwarming, de elektrische leidingen werden doorgetrokken en waar nodig vernieuwd en vrijwel alle antiek werd naar zolder gebracht. De prinses vond dat ze lang genoeg tegen de meubelen van haar voorouders had aangekeken, ze wilde nu in een eigentijdse omgeving leven.

De feitelijke verbouwing kwam ten laste van de koninklijke familie; de inrichting werd voor een aanzienlijk deel geschonken door diverse instellingen, bevolkingsgroepen en verenigingen. Curaçao bijvoorbeeld tekende voor het meubilair van de eetkamer, waar het wandkleed achter het buffet een blikvanger van de eerste orde vormt. Het is een prachtig stuk naaldwerk, met in het midden een 17de-eeuwse koopvaarder. Daaromheen zijn talloze in West-Indië voorkomende plante- en diersoorten geborduurd en geappliceerd.

Het geld voor de hoge boekenkasten in de bibliotheek werd bijeengebracht door de Nederlandse schooljeugd; dat voor de schouw voor de open haard door de bevolking van Suriname. Het bankstel was een attentie van Amsterdamse vrouwen en Baarnse vrouwen knoopten een traploper. De apparatuur in de huisbioscoop was een cadeau van de Nederlandse Bioscoopbond. Toen het prinselijk paar van de huwelijksreis terugkeerde, was hun huis wel bewoonbaar, maar nog lang niet klaar.

Prins Bernhard was veel van huis. Hij was nog bezig zich in te werken in de Nederlandse samenleving, zich op velerlei gebied te oriënteren, meestal in gezelschap van zijn particulier secretaris, tevens vriend, jonkheer Willem Röell, die ook nog intendant van Soestdijk was.

Juliana was in het voorjaar en de zomer van 1939 juist veel thuis. Ze verwachtte haar tweede kind, en haar voornaamste bezigheden buitenshuis bestonden uit het bijwonen van vergaderingen van het Nederlandsche Roode Kruis, waarvan zij haar vader als voorzitter was opgevolgd. Veel gezelligheid ondervond ze van Martine Röell, Willems vrouw, die een dochtertje had van dezelfde leeftijd als prinses Beatrix. Deze Renée Röell – nu mevrouw Smith – en onze huidige koningin zijn nog steeds bevriend. En dan was er freule Sophie Feith, de kinderverzorgster, in de wandeling 'Zussie' genoemd.

Kort na Irenes geboorte op 5 augustus 1939 brak de Tweede Wereldoorlog uit, mobiliseerde Nederland en gingen er dikwijls dagen voorbij waarop prinses Juliana haar man helemaal niet zag. Koningin Wilhelmina had haar schoonzoon verzocht om leger- en marine-onderdelen en militaire installaties te inspecteren en haar wekelijks rapport over zijn bevindingen uit te brengen.

Deze waren om moedeloos van te worden. De prins, en met hem vele militaire deskundigen, moest vaststellen dat Nederlands defensie in alle opzichten ontoereikend was. Des te beangstigender was dit, omdat alle tekenen erop wezen dat Hitlers Duitsland ook in westelijke richting 'Lebensraum' zou zoeken.

Koningin Wilhelmina drong er bij 'de kinderen' op aan bij haar in te trekken, in Paleis Noordeinde, dat in geval van oorlog meer veiligheid bood dan het door bos omgeven Soestdijk. In de herfst van 1939 en de eerste maanden van 1940 werd diverse keren alarm geslagen en de paraatheid verhoogd. Waren de berichten niet direct verontrustend, dan trok het prinselijk gezin naar Baarn, waar ook het kerstfeest werd gevierd. Radio-luisterend Nederland kon daarvan meegenieten. In de bibliotheek, waar de boom stond, was een microfoon neergezet. Voor prinses Juliana moet dit een hele concessie zijn geweest, want ze wilde haar gezinsleven liever niet aan de openbaarheid prijsgeven. Willigde ze het voorstel van de omroepverenigingen in omdat ze besefte dat

Op 30 april 1940, Juliana's 31ste verjaardag, maakte het prinselijk gezin een rondrit door Den Haag. Tien dagen later marcheerden Hitlers troepen Nederland binnen. (ANP)

dit voorlopig wel eens Nederlands laatste kerst in vredestijd kon zijn?

Er gebeurde echter niets. De optimisten in het land durfden te gaan hopen dat de oorlog ook deze keer buiten onze grenzen zou blijven. We raakten gewend aan de uniformen in het straatbeeld, lachten om Snip en Snap en Kobus Kuch en zongen van 'Rats, kuch en bonen' en 'Tipparary'. De winter was streng, zodat de Elfstedentocht weer eens kon worden verreden, de zevende.

Op 9 april viel Duitsland Denemarken en Noorwegen binnen. De bezetting van Denemarken was een kwestie van een dag, de Noren, bijgestaan door geallieerde troepen, boden echter hardnekkige tegenstand zodat – andermaal volgens militaire deskundigen – het Duitse opperbevel de eerste maanden de handen vol had en Nederland niet bang hoefde te zijn. Prins Bernhard stelde zijn vrouw voor om in Soestdijk te genieten van de lente. 's Avonds voerde het prinselijk paar diepgaande gesprekken met de Röells en overeengekomen werd dat de vrouwen en kinderen in geval van oorlog zouden uitwijken naar Frankrijk. Prins Bernhard had daar familie wonen en die had al laten weten dat 'Jula' welkom was. Iedereen leefde nog in de veronderstelling

1939-1949

dat de befaamde Maginotlinie heel Frankrijk inkapselde en het land tot een onneembare vesting maakte.

Begin mei werden de Nederlandse autoriteiten wéér gewaarschuwd dat de Duitse invasie over een paar dagen zou plaatsvinden. Prins Bernhards enige broer Aschwin, die voor zijn nummer had moeten opkomen, liet via omwegen weten dat langs de Nederlandse, Belgische en Luxemburgse grens grote troepenmachten werden samengetrokken. Het prinselijk gezin keerde terug naar Den Haag. 'Willem en Martine wuifden ons na,' vertelde de prins in 1959 aan zijn biograaf Alden Hatch.

Koningin Wilhelmina had afgezien van haar jaarlijkse lentevakantie op de Veluwe en zich geïnstalleerd in Huis ten Bosch, dat over een tamelijk ruime schuilkelder beschikte. Op de avond van de 9de mei waren de berichten zó verontrustend dat de familie, met uitzondering van de prins, besloot in die schuilkelder te overnachten. Bij het krieken van de dag werden in de omgeving van het paleis de eerste Duitse parachutisten gesignaleerd. Een kind kon begrijpen dat gijzeling van de koninklijke familie een van de voornaamste Duitse oogmerken was en dat Huis ten Bosch, als het ware op een eiland gelegen, gemakkelijk kon worden omsingeld. In allerijl vertrok men naar Paleis Noordeinde, waar in de loop van de dag ook Martine en Renée Röell arriveerden.

Het oorspronkelijke vluchtplan moest als onuitvoerbaar worden verworpen. De Duitsers marcheerden via Luxemburg en België op Frankrijks onbeschermde noordgrens aan. In Nederland rukten ze met een dergelijk tempo op dat weldra alle wegen naar het zuiden waren afgesloten.

Op 12 mei droeg de koningin haar schoonzoon op, vrouw en kinderen naar Engeland te brengen. Bij het vallen van de avond reden ze in een gepantserde geldtransportwagen van De Nederlandsche Bank via binnenwegen naar IJmuiden, waar ze aan boord gingen van een Britse torpedobootjager. De volgende ochtend arriveerden ze in Harwich, namen de trein naar Londen en werden ondergebracht in het gebouw van het Nederlandse gezantschap. Prins Bernhard wilde dadelijk naar Nederland teruggaan, maar werd daarvan weerhouden door het bericht dat ook koningin Wilhelmina inmiddels onderweg was naar Engeland. Zij zou bij het Britse koningspaar in Buckingham Palace logeren.

Op 14 mei nodigden koning George VI en koningin Elizabeth Juliana en Bernhard uit voor de lunch. Aan tafel werd de doop van prinses Irene geregeld, die in de paleiskapel zou plaatsvinden. Tegen het eind van de maaltijd verraste prins Bernhard de overigen door aan te kondigen dat hij naar het vasteland terug wilde. Zijn schoonmoeder verbood het hem, zijn vrouw was ontzet maar werd zijn bondgenoot. Zodra iedereen in het Nederlandse gezantschap op één oor lag, sloop de prins, voorafgegaan door de prinses, die moest kijken of de kust veilig was, de deur uit. Met een Frans marinevaartuig bereikte hij inderdaad de overkant, wist zelfs in Zeeuws-Vlaanderen te komen, echter nadat ook dáár de strijd was gestaakt. Na een avontuurlijke tocht door Noordwest-Frankrijk, dat één grote chaos was, en na enkele gedenkwaardige ontmoetingen in Parijs meldde hij zich bij zijn schoonmoeder. Koningin Wilhelmina vertelde hem afgemeten dat Juliana en haar gevolg waren vertrokken naar het graafschap Gloucestershire, waar een bevriende relatie hun zijn buitenverblijf ter beschikking had gesteld.

Onder de bekenden die de koninklijke familie in Engeland trof, bevond zich 'tante Alice', gravin van Athlone. Haar man was pas benoemd tot gouverneur-generaal van Canada, maar als gevolg van de oorlogsomstandigheden hadden zij nog niet naar Ottawa kunnen vertrekken. De overtocht was echter wel geregeld en spontaan nodigden ze Juliana uit hen te vergezellen. Juliana aarzelde, zij zou liever in Engeland blijven, waar ze haar man in de buurt had; ze wist immers dat de prins geen genoegen zou nemen met een bestaan als balling, hij wilde actief aan de strijd deelnemen.

De koningin hield haar dochter voor dat de Duitsers in de voorgaande weken hadden bewezen over een sterke luchtmacht te beschikken. Wie garandeerde dat zij niet tevens het luchtruim boven Engeland zouden gaan beheersen, steden zouden bombarderen, zoals… Rotterdam? Dacht Juliana heus dat zij en de kinderen in Engeland veilig waren?

Het aanbod van de Athlones werd dus aangenomen, voor de overtocht werd echter de Nederlandse Marine ingeschakeld. Op 2 juni vertrokken prinses Juliana, Martine Röell, Zussie en de kinderen samen met Juliana's nieuwe secretaris en diens vrouw en enkele rechercheurs aan boord van de kruiser Sumatra van Cardiff naar Halifax. De zeereis nam acht dagen in beslag, de treinreis naar Ottawa nog eens een etmaal. Omdat de Athlones nog niet waren aangekomen, werd onderdak gevonden in een exclusief hotel een eind buiten de Canadese hoofdstad. Na een dag of tien werden opnieuw koffers gepakt, nu om naar de gouverneurswoning, Government House, te worden overgebracht. 'Juliana was geweldig,' prees de gravin van Athlone haar achternicht vele jaren later. 'Ze klaagde nooit, was een van de eerste bloeddonors en hielp onder meer in de winkel, waar ten bate van het Rode Kruis tweedehands kleding werd verkocht. Zij en mijn dochter opperden zelfs het plan om van de overgordijnen uit Government House japonnen te maken, die ze dan weer konden verkopen. Na een week of zes vond Juliana een geschikte woning in Rockcliffe Park – een buitenwijk van Ottawa – maar wanneer wij een diner gaven, was zij er altijd bij. Op die manier leerde ze heel wat interessante mensen kennen. We tennisten veel, picknickten en zwommen in de omgeving.'

Dat klinkt bijna alsof Juliana's leven in oorlogstijd 'één grote picknick' was, zoals de Engelsen zeggen. Juliana was in die jaren echter niet uitsluitend 'huisvrouw en moeder', zoals de verhalen wilden. Natuurlijk, vrijwel niemand daar in Canada wist wie ze was, uitnodigingen om een of ander evenement met haar aanwezigheid op te luisteren bleven aanvankelijk achterwege. Haar vele voorzitter-, en erevoorzitter- en beschermvrouwschappen waren, samen met haar persoonlijke bezittingen, in Nederland achtergebleven en vergden geen tijd en aandacht van haar. Maar… er was een oorlog gaande, in die oorlog was Nederland betrokken en van de troonopvolgster mocht worden verwacht dat zij haar steentje aan de overwinning zou bijdragen. Voor Juliana een heel dilemma. Ze zat ver weg van haar moeder, die haar zo lang had gestuurd; ze zat ver weg van haar man, wiens praktische inslag en inventiviteit zij had leren waarderen. Overleg plegen was een kwestie van lange adem en niet zonder risico: telefoongesprekken konden worden afgeluisterd, brieven onderschept. Op eigen initiatief ontwikkelde prinses Juliana zich tot propagandiste – public relations officer, om in de termen van de Nieuwe Wereld te blijven – voor de geallieerde zaak in het algemeen en de Nederlandse zaak in het bijzonder. De eerste stap daartoe ondernam ze in november 1940 door de Athlones te vergezellen naar de toenmalige president van de V.S., Roosevelt, en diens vrouw Eleanor. Uit de kennismaking groeide een

In de strenge winter van 1947 werd prinses Juliana voor de vierde keer moeder: ze schonk het leven aan Maria-Christina, die Marijke zou worden genoemd. In 1963 besloot Marijke dat ze voortaan Christina wilde heten. (ANP)

vriendschap voor het leven en aangezien aan de ontmoeting veel publiciteit werd geschonken, werd de aandacht van de nog neutrale v.s. in sterkere mate op – het bezette – Nederland gevestigd dan anders het geval zou zijn geweest. Juliana reisde door naar New York, waar ze onder meer de zeer actieve Nederlandse Club bezocht. Eerst in de v.s., naderhand ook in Canada verwierf prinses Juliana, 'the Dutch crown-princess', een zekere mate van bekendheid en geregeld verscheen haar foto in de pers. Ze bezocht Nederlandse koopvaardij- en marineschepen, ontving vrijwel wekelijks Nederlanders, burgers zowel als militairen, bij zich thuis, liet bevoorradings- en oorlogsschepen te water, bezichtigde fabrieken die zich bezighielden met de vervaardiging van oorlogsmaterieel, onderhield contacten met Nederlandse immigranten om hen op te wekken de oorlogsinspanning te steunen, hield lezingen voor vrouwengroepen over het verzet in Nederland. Als eerste Oranje bezocht zij de Nederlandse Antillen en Suriname; de eredoctoraten die haar in die periode werden verleend – o.a. door het Hope-College in de staat Michigan en door de Princeton-University in de staat New Jersey – beschouwde ze als blijk van erkenning voor de Nederlanders die binnen en buiten de grenzen voor de bevrijding streden.
Prinses Juliana had in haar Canadese jaren bepaald geen blanco agenda. Alleen voor en na de geboorte van prinses Margriet – 19 januari 1943 – bleef ze thuis. Voor Martine Röell een geluk bij een ongeluk: Willem Röell, die in Nederland was achtergebleven en zich bij het verzet had aangesloten, werd na een korte gevangenschap door de bezetters gefusilleerd. Zijn weduwe kon alle steun gebruiken die haar werd geboden... vooral die van de prinses.

In september 1944 liet de prinses haar drie dochters achter onder de hoede van Martine en Zussie om naar Londen te vliegen. Haar moeder had haar dit gevraagd, aangezien de bevrijding van Nederland nabij scheen, en als het grote ogenblik daar was, moest ook de troonopvolgster er getuige van kunnen zijn. De geallieerde luchtlandingen bij Arnhem liepen echter uit op een tragisch fiasco en al werd een deel van zuidelijk Nederland inderdaad bevrijd, de tocht ernaar toe was niet van gevaar ontbloot. Koningin Wilhelmina en haar dochter bleven dus in Engeland en moesten zich tevreden stellen met de verhalen van de prins, die wél de bevrijde gebieden bezocht. Juliana benutte haar gedwongen verblijf in Engeland door het maken van een rondreis langs allerlei Nederlandse instellingen, vlieg- en marinebases en militaire kampen, waar Nederlanders waren gelegerd of hun opleiding ontvingen. Tevens werd zij lid van het comité dat zich inspande om kinderen uit bevrijd Nederland naar Engeland te halen, waar zij dan konden aansterken. Eind januari was de prinses terug in Ottawa, maar half april vloog zij andermaal naar Engeland, om zich vandaar uit samen met haar moeder naar Breda te begeven. Ze installeerden zich daar in de villa Anneville. Daar hoorden ze na een paar dagen hoe de Duitse strijdkrachten in Nederland hadden gecapituleerd. Juliana noemde dat 'het mooiste moment van mijn leven, dat ik nooit zal vergeten'.

Op passende wijze nam Juliana afscheid van het land dat haar bijna vijf jaar lang gastvrijheid had geboden: met een tot alle Canadezen gerichte radiotoespraak, waarin zij haar dank tot uitdrukking bracht, en met een diner voor de Canadese autoriteiten, onder wie vanzelfsprekend de graaf en gravin van Athlone. Op 4 augustus landden op het vliegveld Teuge twee kleine militaire toestellen. Uit het ene stapten de prinsessen Beatrix en Irene, uit het andere de prinsessen Juliana en Margriet. Prins Bernhard wachtte hen op en toen reden ze naar huis, naar Soestdijk, dat tijdens de bezetting als herstellingsoord voor Duitse officieren was gebruikt. Die waren er tamelijk zuinig op geweest, vernield was er amper iets en verdwenen weinig. Maar... Willem Röell had dan ook onmiddellijk na het uitbreken van de oorlog de kostbaarste stukken, onder andere het familiezilver, laten 'onderduiken' bij inwoners van Baarn en Soest. In de loop van mei brachten deze alles weer keurig terug. Daags na de thuiskomst gaf het prinselijk gezin een tuinfeest voor ongeveer 600 leerlingen van lagere scholen uit Baarn en Soest. Zó werd Irenes eerste verjaardag in eigen land gevierd; van hun armoedje hadden de jeugdige gasten voldoende geld bijeengebracht om de 'prinsesjes' een bokkewagen te kunnen geven.

Tja, de 'prinsesjes'... dat wás wat in die naoorlogse jaren. Nederland kon eenvoudig niet genoeg van Juliana's drie dochtertjes krijgen. Wáár zij zich vertoonden, liepen de mensen te hoop, doemden persfotografen op, werd 'Oranje boven' gezongen. De kinderen werden er tureluurs en opstandig van, Juliana was enigszins teleurgesteld: ze had de bevolking nog wel zó nadrukkelijk verzocht niet zoveel aandacht aan haar kinderen te besteden. Ze had echter kunnen weten dat het zo zou lopen, tenminste te oordelen naar haar opmerking, nog in Anneville, tegenover de legendarische Erik Hazelhoff Roelfzema, Soldaat van Oranje. 'Mijn kinderen zullen een normale jeugd hebben – maar daar zal ik voor moeten vechten!'

Het leek erop dat Juliana dit gevecht zou verliezen. Ze legde zich erbij neer, omdat ze de houding van de Nederlanders ook wel kon begrijpen; die zagen de drie meisjes min of meer als het symbool van hun herwonnen vrijheid. En al had Juliana graag anders gewild, op de verjaardagen van de kinderen werden deputaties van de meest uiteenlopende instellingen en verenigingen in Paleis Soestdijk ontvangen opdat zij de jarige, uiteraard in bijzijn van enkele persfotografen, hun cadeautjes konden geven.

In september gingen Beatrix en Irene naar de school die hun moeder voor hen had uitgezocht, de 'werkplaats', een schepping van Kees Boeke. Prins Bernhard was het er maar half mee eens, hij had de kinderen liever traditioneel onderwijs met

Weinige keren was Juliana in het openbaar zó geëmotioneerd als op 4 september 1948, toen haar moeder de regering aan haar overdroeg. Prinses Wilhelmina leidde de nieuwe koningin, haar dochter, met enkele woorden in, de vrouwen gaven elkaar een kus en daarna sprak koningin Juliana. Haar stem sloeg over en haar man was zó ontroerd, dat de tranen hem naar de ogen drongen en hij het gezicht afwendde om het te verbergen. Die balkonscène is zonder twijfel een van de hoogtepunten uit de geschiedenis der Nederlandse monarchie geweest. (ANP)

1939-1949

wat meer discipline willen laten volgen. Maar hij had het te druk met zijn Nederlandse Strijdkrachten om zich in het onderwerp te verdiepen. Juliana hervatte haar vroegere werkzaamheden en raakte eraan gewend haar man weer dagelijks thuis te hebben. Ze stelde zich in alle delen van het land op de hoogte van oorlogsverwoestingen, sprak met ontelbare oorlogsslachtoffers en met nabestaanden van omgekomen burgers en militairen; ze reisde met haar man naar Zweden om regering en bevolking van dat land te danken voor hun wittebrood en margarine, waardoor heel wat inwoners van de Randstad waren gespaard voor een zekere hongerdood. Na verloop van enkele maanden kregen Juliana's werkbezoeken een wat ander karakter en steeds vaker werd haar gevraagd een herstelde brug, een hersteld spoorwegtraject, viaduct of ziekenhuis te openen. De wederopbouw was een feit en, voor de bewoners van Soestdijk, gezinsuitbreiding eveneens.

In de nazomer van 1946 werd bekend dat de troonopvolgster opnieuw in verwachting was. In hetzelfde jaar vond de repatriëring van Nederlanders uit de 'Oost' plaats. Als het even kon ging Juliana naar Rotterdam of Amsterdam, waar de schepen aanmeerden, om hen welkom te heten. Bij een van die bezoeken liep ze een rodehondinfectie op.

Over de mogelijke gevolgen daarvan voor een nog ongeboren kind was destijds in brede kring weinig bekend, maar na de geboorte van 'Marijke' wist iedere Nederlander er álles van.

Voor het prinselijk gezin was het hard dat de vierde dochter haar hele leven visueel gehandicapt zou blijven. In brede kring is gesuggereerd dat Juliana zich schuldig zou voelen, maar dat lijkt niet erg logisch. Ze had immers ook kunnen worden aangestoken door haar dochters of door gasten van Soestdijk. Wel is het een feit dat ze zich het liefst geheel aan dit vierde kind had willen wijden. Ze kreeg er echter de kans niet toe. Haar moeder sprak steeds vaker over een mogelijke abdicatie, zinspeelde erop dat ze nog vóór haar vijftigjarig regeringsjubileum wilde aftreden en stelde haar dochter ten slotte voor om door middel van een regentschap van enkele maanden te ervaren wat het koningschap inhield... voor zover zij dat nog niet wist.

Juliana besefte dat het geen zin zou hebben om, evenals in 1938, uitstel van executie te vragen. Haar moeder liep naar de zeventig, had vijf zware jaren achter de rug en was nogal teleurgesteld omdat haar eigen vernieuwingsdrang zich niet had meegedeeld aan de rest van Nederland: zodra de Duitse krijgsgevangenen waren afgevoerd, begon het gehannes met ontelbare politieke partijen en godsdienstige richtingen van voren af aan. Heel menselijk ook wilde Wilhelmina eindelijk de gelegenheid hebben om dingen te doen waarvoor ze altijd belangstelling had gehad maar zelden de tijd: schilderen, zich verdiepen in het geestelijk leven.

En toch... als men nagaat hoeveel activiteiten Wilhelmina ná haar abdicatie nog ontplooide; hoe lang zij nog in een goede lichamelijke en geestelijke welstand verkeerde eer zij in 1962 overleed, komt de vraag op of zij niet mede is afgetreden teneinde haar kind, haar oogappel, enigermate los te maken van de zorgen en het verdriet om Marijke.

Op 14 oktober 1947 werd de prinses voor de eerste keer als regentes beëdigd, op 12 mei 1948 kondigde de koningin aan dat zij op 4 september zou abdiceren – dus ná de jubileumfeesten, die concessie had zij na grote druk van buiten af dan nog wel willen doen. Juliana werd voor de tweede maal regentes. Op 30 augustus zou haar moeder dan nog weer voor een paar dagen de scepter zwaaien.

Op 6 september 1948 aanvaardde Juliana de regering, 'na veel innerlijke strijd', zoals zij in haar inhuldigingsrede bekende.

Wat moest ze ook ánders? Ze was voor het koningschap opgeleid, al had ze natuurlijk de kroon meteen kunnen doorgeven aan haar oudste dochter. Maar dat had voor Juliana toch een achtjarig regentschap betekend en voor Beatrix géén echte jeugd.

1939

In het voorjaar van 1939 vond het prinselijk paar het nog alleszins verantwoord om met wintersportvakantie te gaan. Het bracht enkele weken door in het Zwitserse Grindelwald. Juliana, hoewel een enthousiast skiester, bond niet eenmaal de lange latten onder. Ze verwachtte haar tweede kind. De kinderwagen van prinses Beatrix werd op een paar glij-ijzers gemonteerd en fungeerde als duwsleetje. (BP)

Op 1 september 1939, de dag waarop Duitsland Polen binnentrok en de Tweede Wereldoorlog in feite een aanvang nam, volgde het prinselijk gezin koningin Wilhelmina naar Den Haag. De drie weken oude prinses Irene werd meteen naar binnen gebracht, maar op verzoek van de koningin voegden haar dochter, schoonzoon en oudste kleindochter zich bij haar aan de voet van het standbeeld van Willem de Zwijger om vandaar een korte wandeling door de omgeving te maken. Op een gegeven moment hief Wilhelmina de rechtervuist en riep: 'Leve het vaderland!' (ANP)

1939

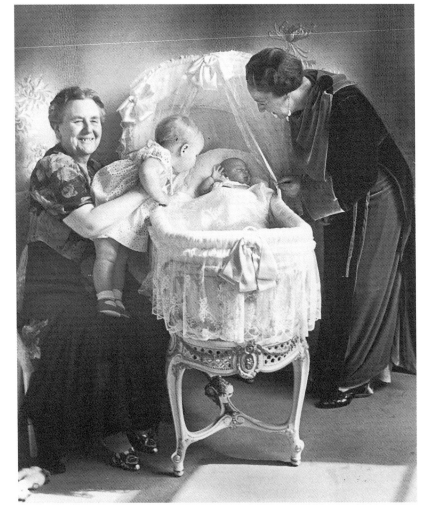

(Nog) vreedzaam en feestelijk kanongebulder: op 5 augustus 1939 daverden ter ere van Irenes geboorte andermaal 51 saluutschoten over Nederland. Juliana en Bernhard gaven hun tweede dochter eveneens een symbolische naam: Irene, vrede. Gezien het jaargetijde en de internationale ontwikkelingen besloten zij Irene pas in het voorjaar te laten dopen, en zo gebeurde het ook; echter in Engeland. (BP)

Ook voor de geboorte van haar tweede kleindochter kwam prins Bernhards moeder, prinses Armgard, naar Nederland. Prins Bernhard maakte deze alleraardigste foto van zijn twee dochters met hun beide grootmoeders. Irene zou op latere leeftijd een speciale band met prinses Armgard krijgen en dikwijls wordt aangenomen dat zij mede daardoor katholiek is geworden. Prinses Armgard ging omstreeks 1950 over tot het katholicisme. (BP)

Reeds kort na het uitbreken van de vijandelijkheden was duidelijk dat het oorspronkelijke plan, Juliana en de kinderen te laten uitwijken naar Frankrijk, geen doorgang kon vinden. Alle noord-zuidverbindingen werden afgesneden. In afwachting van het vertrek naar Engeland verbleef koningin Wilhelmina met haar familie in en bij de schuilkelder van Paleis Noordeinde. Links prinses Juliana met Irene op schoot, naast haar 'Zussie' Feith, rechts met pop Beatrix. (BP)

9 mei 1940. In verband met waarschuwingen dat de Duitse aanval op Nederland nu werkelijk ieder moment verwacht kon worden, was het prinselijk gezin van Paleis Soestdijk teruggekeerd naar Den Haag. De koningin verbleef in Paleis Huis ten Bosch, waar de familie op het terras de lunch gebruikte. In geen jaren had Nederland zo'n prachtige lente gekend als juist in dat rampjaar 1940.

1940

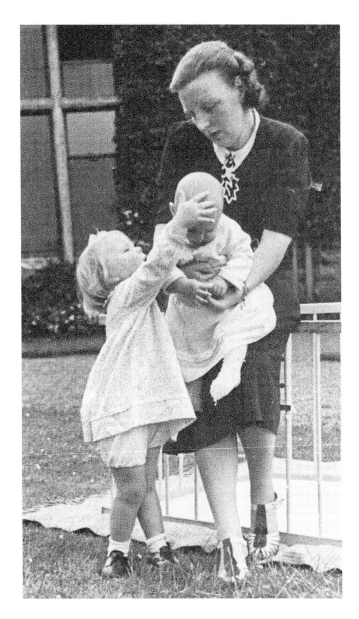

Na een kort verblijf in Londen vertrok prinses Juliana met haar beide kinderen naar het graafschap Gloucestershire, waar een bevriende relatie haar zijn buitenverblijf ter beschikking stelde. Voor koningin Wilhelmina was het een hele geruststelling dat haar dochter en kleindochters een goed eind uit de buurt van de Britse hoofdstad zaten. Duitse luchtaanvallen op Londen konden immers hun veiligheid in gevaar brengen! Prins Bernhard, die op het vasteland was, was niet op de hoogte van de verhuizing van zijn gezin. Toen hij doodmoe in Londen terugkeerde, besloot hij echter toch meteen door te rijden naar Lydney.

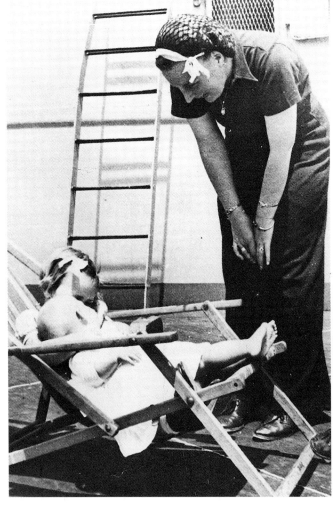

De bemanning van de kruiser 'Sumatra', waarmee Juliana en haar dochters de reis naar Canada maakten, had het scheepsdek gedeeltelijk afgezet met netten, zodat de kinderen tenminste in de open lucht konden spelen. Juliana kleedde zich tijdens de overtocht steeds in lange broek – de meest praktische kleding, dacht zij, in geval van nood, wanneer zij mogelijk snel in een reddingsboot moest stappen. (© ANEFO/foto RVD)

1940-1941

De eerste weken van haar Canadese ballingschap bracht Juliana met haar gezin en haar gevolg door in het luxueuze hotel 'Seignory Club' in Montebello, halverwege Montreal en Ottawa. Pas na aankomst van haar tante Alice van Athlone en haar man, het nieuwe gouverneurspaar, vertrok het gehele gezelschap naar het Government House in de Canadese hoofdstad.

Juliana met haar twee oudste dochters in 1941, toen prins Bernhard voor het eerst bij zijn gezin in Canada was. Hoewel dikwijls is beweerd dat Juliana tijdens de oorlog alleen 'huismoeder' was, is niets minder waar. Ze had een overvol programma en werd de beste public relations officer die Nederland zich kon wensen. Alleen in de schoolvakanties van de kinderen probeerde ze zoveel mogelijk thuis te zijn.

1942-1943

In 1942 stapte koningin Wilhelmina voor het eerst van haar leven in een vliegtuig – om de eenvoudige reden dat ze ontzettend verlangde naar haar dochter en kleindochters. De koningin logeerde bij haar nicht Alice van Athlone, maar was overdag bij Juliana en haar gezin.

In 1943 maakte de koningin opnieuw de overtocht van Engeland naar Canada, nu ter gelegenheid van de doop van haar derde kleindochter, prinses Margriet. De plechtigheid vond plaats op 29 juni, de dag waarop prins Bernhard tweeëndertig werd. Hij had zich de doop als verjaardagsgeschenk gewenst. Juliana had het allemaal keurig geregeld. (BP)

1943

Na de plechtigheid in de St. Andrew's Presbyterian Church poseerde prinses Juliana met haar oudste dochters voor de bekende Canadese fotograaf Yousuf Karsh. Deze foto vond als zogenaamd brandplaatje zijn weg naar Nederland en werd tevens afgedrukt in de vele illegaal verspreide bladen. (Karsh/RVD)

Tijdens dezelfde fotosessie werd deze foto van Juliana met de zes maanden oude Margriet gemaakt. De baby zou door de Canadezen worden beschouwd als 'our princess', en nog steeds onderhoudt prinses Margriet nauwe betrekkingen met haar geboorteland, evenals met een van haar peetouders: de Nederlandse koopvaardij. (Karsh/RVD)

1943

Een van de dingen die Juliana zich tijdens haar ballingschap ten doel stelde, was het onderhouden van geregeld contact met leden van de Nederlandse strijdkrachten, die in de Nieuwe Wereld hun opleiding kregen. In oktober 1943 bezocht ze de Royal Netherlands Flying School in Jackson (Miss.). (© ANEFO/foto RVD)

In november 1943 zette de prinses weer voet op Nederlandse bodem: ze bezocht Suriname, waar ze onder andere Nederlandse en Amerikaanse troepen inspecteerde en aan enkele Nederlandse militairen onderscheidingen uitreikte. (RVD)

1944

De zomervakantie van 1944, toen bezet Europa in spanning verkeerde omtrent het welslagen van de geallieerde opmars vanaf de Normandische kust, brachten prinses Juliana en haar drie kinderen door in Chatham, Massachusetts. De prinses zorgde er echter voor doorlopend bereikbaar te zijn, want ze verwachtte dat haar overtocht naar Europa nog slechts een kwestie van weken was. (BP)

1944

In januari 1944 maakte de prinses een korte reis naar de Verenigde Staten. In Northport (Long Island) bezocht ze onder andere het tehuis voor Nederlandse zeelieden 'Hollandia' en waagde zich aan een spelletje biljart. (© ANEFO/foto RVD)

Van haar min of meer gedwongen verblijf in Engeland in het najaar en de winter van 1944 maakte prinses Juliana gebruik om allerlei Nederlandse militairen op te zoeken. Op een mobiel vliegveld van de Tweede Tactische Luchtmacht, vanwaar Nederlandse piloten met hun Spitfires hun vluchten boven het vasteland inzetten, voerde ze een blijkbaar zeer geanimeerd gesprek met een aantal landgenoten. In haar verlovingstijd was Juliana gaan roken; weldra kwam ze tot de ontdekking dat het in vele gevallen 'gemakkelijker praat' wanneer er een sigaret wordt opgestoken. (© ANEFO/foto RVD)

1945

Op 9 september arriveerde prinses Juliana in Engeland, waar haar moeder haar van het vliegveld afhaalde. Wilhelmina en haar dochter hoopten binnen enkele weken naar Nederland te kunnen gaan, maar het mislukken van de operatie Market Garden verhinderde dit. In januari 1945 keerde de prinses terug naar Amerika. (BP)

Op 4 augustus 1945 arriveerde Juliana met haar drie kinderen op vliegveld Teuge. Voor Margriet was het de kennismaking met het vlakke kikkerlandje vol hartelijke mensen. (ANP)

1944

Londen, najaar 1944: prinses Juliana en haar moeder met een aantal landgenoten voor de Nederlandse club, beter bekend als 'Oranjehaven'. Het centrum werd ingewijd op 2 juni 1942 en kwam tot stand dank zij de nauwe samenwerking tussen Nederlandse autoriteiten en in de vrije wereld woonachtige particulieren. Heel wat Engelandvaarders en andere Nederlanders die ten tijde van de Duitse overval op ons land toevallig buiten de grenzen vertoefden en niet naar bezet gebied wilden of konden terugkeren, vonden in 'Oranjehaven' een stukje 'thuis'. (BP)

In 1946, een jaar na de bevrijding, was het in en om Soestdijk weer als vanouds: als er iets bijzonders te doen was; als 'pappie', 'mammie' of een van de drie dochters jarig was, dan stond het kroonprinselijk gezin op het bordes om te luisteren naar een zanghulde, te kijken naar manifestaties of een bloemenhulde in ontvangst te nemen. (BP)

Weldra ook verschenen weer bezoekers uit alle delen van de wereld en uit alle hoeken van het land in Paleis Soestdijk, zoals een delegatie van de internationale padvindersbeweging. Beatrix, Irene en Margriet, die tweetalig waren opgevoed, konden zich met de meeste gasten onderhouden en leerden spelenderwijs met vreemden om te gaan. (BP)

1947

Op 18 juli 1947 opende prinses Juliana in Arnhem het Dr. Chr. Bader-tehuis. (ANP)

In 1947 ook ging de prinses in Limburg ondergronds; ze bezocht de mijnen, waar zo hard werd gewerkt om de kolendistributie zo snel mogelijk ongedaan te maken. (BP)

1947

De geboorte van prinses Marijke bracht dramatische veranderingen in de leefwijze van het gezin van Soestdijk teweeg: de ouders en de drie oudste dochters moesten leren omgaan met een visueel gehandicapte. (ANP)

In de naoorlogse jaren bracht het prinselijk gezin de zomervakanties veelal door aan boord van de 'Piet Hein', waarmee het hele land werd doorkruist. Ook werd het motorjacht wel gebruikt om er officiële bezoeken mee af te leggen. Het schip had de oorlog goed doorstaan en bood voor die tijd veel comfort en zeker voldoende ruimte voor het gezin, personeel en gevolg. (ANP)

1947

Op 9 oktober 1947 werd prinses Marijke in de Utrechtse Dom gedoopt; het was een sobere plechtigheid. Juliana wist reeds dat ze aan deze baby minder tijd zou kunnen besteden dan aan haar eerste drie dochters, toen deze nog luierkinderen waren. Koningin Wilhelmina had immers laten weten dat ze een poosje rust wilde nemen. Juliana zou regentes moeten worden. (ANP)

Vijf dagen later, op 14 oktober, werd de prinses in de Ridderzaal beëdigd als regentes. In de nu volgende maanden ervoer ze persoonlijk wat het koningschap inhield en begon vermoedelijk de 'innerlijke strijd', waarover ze in haar inhuldigingsrede sprak. Wilde ze de kroon wel of wilde ze die niet? Ze stond bepaald niet te trappelen om koningin te worden, besefte echter dat het haar plicht was de kroon te aanvaarden en groeide in de loop van haar regeringsperiode zodanig naar haar functie toe dat deze een roeping voor haar werd. (BP)

1948

Juliana's inhuldiging was het eerste naoorlogse sprookje waarvan Nederland kon genieten. Hoofdfiguur tijdens de plechtigheid in de Nieuwe Kerk was natuurlijk de jonge koningin, van wie de gestalte echter passend werd omlijst door de leden van de hofhouding en andere autoriteiten, allen in fraaie uniformen. Op die 6de september 1948 kwam ook voor het eerst na de oorlog weer de Gouden Koets van stal; het koninklijk gezin maakte er een rijtoer mee door Amsterdam. De nieuwe koningin had geen van de kostbare diademen willen dragen waarover ze kon beschikken. Ze had bij haar eenvoudige blauwe japon een prinsessekapje laten maken, 'samengesteld uit allerlei juwelen uit onze verzameling', zoals koningin Wilhelmina in haar memoires vermeldde. (BP)

1948

Onder: In mei 1948 opende de Britse oorlogsleider, tevens leider van de Britse conservatieve partij, Sir Winston Churchill, in de Ridderzaal een congres van ongeveer 800 vooraanstaande Europeanen die streefden naar de totstandkoming van een verenigd Europa. Churchill maakte van zijn verblijf in Nederland gebruik om een bezoek te brengen aan zijn oorlogsvriend prins Bernhard en dan tevens eens te kijken hoe zijn petekind, prinses Marijke, het stelde. Prinses Juliana duwde hem de baby zonder veel omhaal in de armen; Sir Winston wist er niet goed raad mee... (BP)

Boven: Na de regeringsoverdracht op 4 september maakte het nieuwe koninklijk paar met de drie oudste dochters een rondrit door Amsterdam. Het was een echt, ouderwets Oranjefeest en er viel geen wanklank te horen. (© NFP/foto RVD)

1948

Tussen het moment waarop Juliana koningin was geworden en haar inhuldiging kon zij één regeringsdaad stellen: zij benoemde haar moeder tot ridder 1e klasse der Militaire Willemsorde. Op 7 oktober 1945 gaf Juliana in Park Sonsbeek te Arnhem prinses Wilhelmina gelijk met een aantal andere pas benoemde MWO-ers de 'ridderslag'. Zo indrukwekkend als deze korte plechtigheid was, zo informeel verliepen aankomst en vertrek van de nieuwe koninklijke familie. (boven: ANP/ hieronder: BP)

1939-1949

DIT GEBEURDE IN NEDERLAND

1939 Koningin Wilhelmina brengt staatsbezoek aan België. – Tweede Kamer aanvaardt wetsontwerp inzake kinderbijslagverzekering. – Gemeente Amsterdam koopt Artis. – Louis Davids overleden. – Geboorte prinses Irene. – Algemene mobilisatie. – Neutraliteitsverklaring Ned. regering. – De dijk Lemmer-Urk voltooid. – Het zgn. Venlose incident en intrekking van alle verloven.

1940 Leger in staat van paraatheid. – Elfstedentocht. – Ned. opperbevelhebber generaal Reynders neemt ontslag. – Uitbreiding staat van beleg. – NSB-orgaan Volk & Vaderland verboden. – Internering van als staatsgevaarlijk beschouwde politici. – Duitse invasie; bombardement op Rotterdam. – Oprichting Alg. Ned. Kunstenaarsorganisatie. – Seyss Inquart Rijkscommissaris. – Anjerdag. – Oud-premier Colijn pleit voor samenwerking met bezetter. – 231 Nederlandse prominenten geïnterneerd in Buchenwald. – Oprichting Nederlandse Unie. – Eerste illegale 'nieuwsbrief' en eerste uitzending van Radio Oranje. – Eerste verschijning van het illegale 'Vrij Nederland'. – In Londen wordt de Ned. regering in ballingschap geformeerd. – Ned. ambtenaren moeten Ariërverklaring ondertekenen. – Invoering persoonsbewijs. – Eerste nummer van de illegale 'Waarheid' verschijnt. – Studentenprotest tegen ontslag joodse hoogleraren.

1941 Gedwongen registratie van joodse burgers. – Premier De Geer keert uit Londen terug naar Nederland. – Eerste verschijning van het illegale 'Parool'. – Oprichting Joodse Raad. – Februaristaking. – 18 Nederlanders geëxecuteerd op Waalsdorpervlakte. – Joodse bedrijven krijgen 'Verwalter'. – Ontbinding Ned. omroepen. – Instelling Arbeidsdienst. – Ontbinding alle politieke partijen. – Kamp Amersfoort geopend. – Oprichting Kon. Brigade Prinses Irene. – Oprichting Kultuurraad en Kultuurkamer. – Nederland verklaart Japan en Italië de oorlog.

1942 Eerste joden naar Westerbork. – Elfstedentocht. – Begin Englandspiel. – Arrestatie op Java van Ned. koloniale ambtenaren. – Joden moeten davidster dragen. – 400 prominente Nederlanders gegijzeld. – Anne Frank en familie duiken onder. – Duitsers vorderen fietsen en stellen avondklok voor joden in. – Gedeeltelijke evacuatie Walcheren. – Oprichting Landelijke Org. voor Hulp aan Onderduikers. – Koningin Wilhelmina kondigt vorming van Ned. Gemenebest aan.

1943 Opening concentratiekamp Vught. – Geboorte prinses Margriet. – Eerste nummer van het illegale blad 'Trouw' verschijnt. – Studentenrazzia's. – Artsenstaking. – Aanslag op bevolkingsregister Amsterdam. – Mannen tussen de 18 en 35 jaar moeten zich melden voor Arbeitseinsatz in Duitsland. – Oprichting Raad van Verzet.

1944 Inundatie van Zeeland. – Bevolkingsregister Den Haag door RAF gebombardeerd. – Gerrit-Jan van der Veen en Johannes Post gefusilleerd. – Dolle dinsdag. – Prins Bernhard bevelhebber Binnenlandse Strijdkrachten. – Maastricht bevrijd. – Luchtlandingen bij Arnhem. – Verwoesting Putten. – Eerste uitzending Radio Herrijzend Nederland vanuit Eindhoven.

1945 Hongerwinter. – RAF-bombardement op Den Haag. – Wilhelmina terug in Nederland. – Anne Frank gestorven. – Bevrijding N.O.-Nederland. – Inundatie Wieringermeer. – Voedseldroppings boven Nederland. – Duitse capitulatie. – Havenstaking in Rotterdam. – Geldsanering, 'Tientje van Lieftinck'. – Koningin Wilhelmina opent noodparlement. – Eerste Ned. mariniers landen op Java.

1946 Opheffing bijzondere staat van beleg. – Begin besprekingen onafhankelijkheid Ned. Oost-Indië. – Moerdijkbrug hersteld.

1939-1949

1947 KLM-toestel verongelukt bij Kopenhagen. – Elfstedentocht. – Prinses Christina geboren. – Heropening Ned. Nat. Luchtvaartschool. – Politionele acties in Ned. Oost-Indië. – Rechtszaak tegen Han van Meegeren. – Benelux-Tolunie. – 'De Avonden' van Gerard van het Reve onderscheiden met de Reina Prinsen Geerlingsprijs.

1948 Amerikaanse Marshall-hulp. – Inhuldiging koningin Juliana. – Gedwongen ontslag lt. gouv.-gen. Ned. Oost-Indië Van Mook. – Beëindiging Ned. militaire actie op Java.

1949 Ontslag voor stakende Amsterdamse havenarbeiders. – Grenscorrecties aan Ned.-Duitse grens.

1949-1959

Zij geniet sympathie door haar gevoeligheid

(Dr. Willem Drees)

Veertig werd ze en ze kreeg van haar man een avondtasje dat gemaakt was uit de stof van een Oostenrijkse boerinnekap. Beatrix verraste haar moeder met een boetseerwerkje, Irene liet voor 'mammie' een foto van zichzelf en haar oudste zuster te paard inlijsten. Om twee uur werd de jarige toegezongen door schoolkinderen uit Baarn en Soest, die daarna bloemen op het bordes legden, evenals de 'buren' van Soestdijk. Het was koud en winderig; de koningin en haar oudste dochters droegen bontjassen, prinses Margriet keek van achter het raam toe en Marijke vertoonde zich in het geheel niet. Na afloop van dit nog kleinschalige bloemendefilé liet de koningin de bloemen bezorgen bij ziekenhuizen in de omgeving.

In de loop van 1949 voltooiden koningin en prins de reeks officiële bezoeken aan de provinciehoofdsteden; op 7 juli namen zij op het bordes van Soestdijk andermaal een defilé af, nu ter gelegenheid van hun koperen bruiloft. Alle deelnemers werden na afloop uitgenodigd voor een hapje en een slokje in het paleispark.

Prinses Margriet en prinses Marijke, onder de hoede van hun verzorgster, waren deze keer wél van de partij. Evenals de grote zussen werden zij door 'pappie en mammie' aangemoedigd met zo veel mogelijk mensen een praatje te maken en vooral mee te doen aan de spelletjes en de activiteiten waarvoor de gasten zorgden. De beveiliging van de koninklijke familie was in handen van een stuk of drie rechercheurs en dat werd in die dagen al ietwat overdreven gevonden.

Het was een gezellige boel, daar om 'het witte huis in 't groen'. Sentimenteel aangelegde zielen hadden het over 'het hart van Nederland'.

Binnen was het doorgaans ook een gezellige boel. Pappie was de baas, vond zichzelf tegenover zijn dochters 'streng maar rechtvaardig' en leerde hun zich te schikken in de algemene belangstelling voor hun persoontjes. Mammie probeerde om thuis te zijn wanneer de dochters van school kwamen en haar 'potje regeren' – een uitdrukking van prinses Margriet – te beperken tot vijfenhalve werkdag per week. Er werd naar gestreefd om althans 's avonds met z'n allen aan tafel te zitten en van verjaardagen, sinterklaas en kerst werd veel werk gemaakt. De meeste aandacht werd opgeëist door prinses Marijke, die na enkele operaties met één oog kon zien.

Sedert het begin van haar regering vond de koningin vrijwel dagelijks op haar bureau stukken over de kwestie Indonesië, het hete hangijzer van die dagen. De 'Oost' wilde zich losmaken van het moederland en beriep zich daarbij op door koningin Wilhelmina in Londen gedane toezeggingen. Zonder af te wachten of deze inderdaad zouden worden nagekomen, werd twee dagen na de capitulatie van Japan (15 augustus 1945), dat het eilandenrijk sedert 1942 bezet had gehouden, de onafhankelijke Republiek Indonesia uitgeroepen. Nederland kon zich niet zonder meer neerleggen bij deze eenzijdige ontbinding van een eeuwenoud contract, hoe eenzijdig dat contract ook geweest mocht zijn. Nooit immers was aan de 'inlanders' gevraagd of zij het eens waren met de blanke overheersing! De Oost zou langs wegen van geleidelijkheid onafhankelijk moeten worden, vond Nederland, wilde niet veel van hetgeen daarginds was bereikt en opgebouwd verloren gaan. Er werd gepoogd het Nederlandse gezag te herstellen, maar in 1946 berustte dit gezag in feite reeds bij de Republiek, in ieder geval op Java en Sumatra. Het kwam tot de stichting van een federale republiek binnen een Nederlands-Indonesische Unie, echter ónder de Nederlandse kroon, hetgeen in de praktijk betekende dat Nederland het tóch nog voor het zeggen had. De staatkundige formule vond dan ook geen genade in de ogen van Indonesische nationalisten. Het kwam tot ernstige ongeregeldheden, en aan Nederlandse militairen de taak daar een eind aan te maken door een politionele actie – een mooi woord voor oorlog op kleine schaal. Door het ingrijpen van de Verenigde Naties werd de actie stopgezet, maar binnen een paar jaar begon er een tweede. Djokjakarta werd door Nederlandse troepen bezet, de Indonesische president Soekarno werd gearresteerd. Om verder bloedvergieten te voorkomen en nog íets van de oude betrekkingen te redden, werden in mei 1949 in Batavia vóórbesprekingen voor Nederlands-Indonesische onderhandelingen geopend. Djokja werd door de Nederlandse troepen ontruimd, Indonesische autoriteiten gaven bevel het vuren te staken. In de herfst begon in Den Haag de befaamde Ronde Tafel Conferentie, die begin november tot overeenstemming tussen beide partijen leidde.

Op 27 december om tien uur in de ochtend vond in het Paleis op de Dam een voor de twee landen historische plechtigheid plaats; met haar handtekening bekrachtigde koningin Juliana de overdracht van de soevereiniteit over 'Nederlandsch Oost-Indië' aan de Republiek Indonesië, die gelijktijdig door het voormalige moederland als onafhankelijke staat werd erkend. Géén wegen der geleidelijkheid, voor Nederland géén kans om degenen die zo lang afhankelijk waren geweest met onafhankelijkheid te leren omgaan. Koningin Juliana wist hoe het de meeste Nederlanders te moede was, en wellicht verwoordde zij ook haar eigen gevoelens in haar op 23 december gehouden kersttoespraak: 'Zij, die hun beste krachten gaven en geven voor dat land en dat volk voelen zich soms onzeker, of thans dankbaar om voortzetting van hun levenswerk zal worden gevraagd, of dat het, met de ondank van een pas mondig gewordene, terzijde zal worden geschoven. (...) Onverschillig, of u van oordeel bent of Indonesië al lang of nog lang niet rijp is voor haar onafhankelijkheid; en hoe bezorgd en zwaar uw hart ook is, ik zou willen zeggen in heilige ernst en een beroep doende op uw diepe welwillendheid jegens Indonesië: wanneer de Nederlanders eerlijk dit spel volgens de nieuwe regels spelen, zullen zij in Indonesië welkome gasten zijn. Bij deze soevereiniteitsoverdracht laten wij iets los – en zij ontvangen iets, namelijk onze erkenning van hetgeen ieder volk met zijn diepste wezen wenst en door geen Nederlander aan een ander wordt misgund.'

Na de ondertekening van de acten zei Juliana o.m.: 'De aanvaarding van haar soevereiniteit door de jonge staat, alsmede het afstand doen daarvan door het Koninkrijk der Nederlanden

Juliana's eerste 'eigen' koninginnedag: 30 april 1949. Het bloemendefilé langs Paleis Soestdijk was echter niet nieuw voor haar; ook toen ze nog troonopvolgster was, werd ze reeds op deze manier gehuldigd. (NFP)

1949-1959

en het aangaan van een Unie is een der meest aangrijpende en ingrijpende gebeurtenissen van deze tijd – die aangrijpt enerzijds door de onnatuurlijkheid van een verloop als dit, en anderzijds doordat nooit duidelijker naar voren is gekomen de diepe sympathie der beide volken voor elkaar.'

Juliana's kersttoespraak viel niet, de officiële toespraak viel wel onder de ministeriële verantwoordelijkheid. In beide gevallen moet de wens de vader van de gedachte zijn geweest. Van die diepe sympathie viel in de komende jaren immers weinig te bespeuren! De Nederlanders waren allerminst 'welkome' gasten in de voormalige kolonie, die in 1956 de Unie opzegde, haar schulden jegens Nederland niet afloste en het jaar daarop alle Nederlandse bezittingen naastte en de diplomatieke betrekkingen verbrak – dit alles in verband met de problemen over Nieuw-Guinea, dat niet bij de soevereiniteitsoverdracht was inbegrepen. Pas nadat deze kwestie tot tevredenheid van Indonesië was geregeld en generaal Soeharto 'Boeng Karno' als president opvolgde, kon er weer sprake zijn van enige toenadering. Tijdens het staatsbezoek van koningin en prins aan Indonesië (1971) werd het laatste restje oud zeer weggenomen.

Koningin Juliana heeft tijdens haar regering een indrukwekkend aantal staatsbezoeken afgelegd om zich, als jongste staatshoofd wat dienstjaren betreft, voor te stellen aan de oudgediende collega's. In Juliana's jaren duurden die bezoeken in de regel drie dagen en verliepen alle volgens een vast patroon: na de ontvangst in de haven of op het vliegveld het inspecteren van de erewacht, een rijtoer door de hoofdstad, kranslegging bij het monument voor de Onbekende Soldaat of de gevallenen van Eerste en Tweede Wereldoorlog, en aan het slot van de eerste dag het door de regering van het gastland aangeboden staatsbanket, waarop beide staatshoofden het woord voerden. Op de tweede en derde dag omvatte het programma een ontmoeting met de Nederlandse kolonie, bezoeken aan musea, historische monumenten, industrieën, instellingen en wat dies meer zij. Het bezoek werd altijd afgesloten met het door de gasten aangeboden zogenaamde contradiner.

Zo ging het in 1950 in Frankrijk en in Engeland, en in 1951 in Luxemburg. Heel anders echter verliep het staatsbezoek aan de Verenigde Staten van Amerika, waar het koninklijk paar op 2 april 1952 arriveerde.

In de eerste plaats nam dit bezoek ongeveer vier

In augustus 1949 ging in Den Haag de Ronde-Tafelconferentie van start die de Nederlandse soevereiniteitsoverdracht aan Indonesië moest regelen. De Indonesische delegatie werd door koningin Juliana en prins Bernhard in audiëntie ontvangen. (foto Meyboom/RVD)

Kort voor koninginnedag 1952 keerde het koninklijk paar terug van het succesvolle staatsbezoek aan de Verenigde Staten en Canada. In een groot bloemenmozaïek op het gazon voor Paleis Soestdijk werd uiting gegeven aan Nederlands erkentelijkheid voor de manier waarop Juliana aan de andere zijde van de oceaan Nederlands naam had hoog gehouden. (BP)

weken in beslag, in de tweede plaats beperkte het zich niet tot Washington D.C. en omgeving doch strekte zich uit tot aan o.a. Los Angeles, New York en de stad Holland in de staat Michigan. Ten derde hield de koningin liefst tien redevoeringen, met als belangrijkste die tot het Amerikaanse congres, waarvoor zij, evenals haar moeder in 1942 en later haar dochter in 1982, speciaal werd uitgenodigd. Het is de grootste eer die de V.S. gasten kan bewijzen. Voorts gaf de koningin zes persconferenties en hield ruim vijftig korte, veelal geïmproviseerde toespraken. Uit vrijwel al haar woorden sprak haar verlangen naar vrede en ontwapening en dat werd Juliana niet door iedereen in dank afgenomen. Men beluisterde er een zekere kritiek in op de NAVO, waarvan Nederland lid was en waarin de V.S. de grootste rol speelden.

Over het algemeen echter was de reis een succes. Bij de intocht in New York waren honderdduizenden belangstellenden op de been en werden de gasten op Broadway op een ticker-tape-parade onthaald. In Hollywood verdrongen zich de sterren van het witte doek om een glimp van 'the Dutch Queen and her husband' op te vangen.

Juliana vroeg links en rechts om handtekeningen voor 'our daughters'.

Na een kort bezoek aan Canada, waar Juliana talloze Nederlandse immigranten ontmoette en ook nog even een kijkje nam in het ziekenhuis waar ze in 1943 het leven geschonken had aan Margriet, landde het koninklijk paar op 28 april op Schiphol. Beatrix, Irene en Margriet stonden te wachten.

Op koninginnedag was het op het grasveld van Soestdijk al in alle vroegte een drukte van belang. Uit bloemen werd een gigantische kaart van Nederland gevormd met daaronder 'Nederland dankt u'. Prins en prinsessen moesten van alles verzinnen om 'mammie' bij de ramen weg te houden, anders zou die originele bloemenhulde geen verrassing meer zijn geweest.

Koningin Wilhelmina werd na de bevrijding dermate in beslag genomen door alle politieke en praktische problemen van de wederopbouw dat zij weinig binnenlandse bezoeken afstak. Zij delegeerde deze bij voorkeur aan dochter en schoonzoon, die deze lijn na 1948 consequent voortzetten. Tijdens die zogenaamde werkbezoe-

1949-1959

ken oriënteerden zij zich – na 1956 hield voornamelijk de koningin zich ermee bezig – ter plaatse van de mogelijkheden en specifieke problemen in een bepaalde streek. Die werkbezoeken waren voor de ontvangende partij altijd een beetje feest: scholen hadden vrij, iedereen trok het goeie goed aan, hoge hoeden waren in die eerste jaren geen zeldzaamheid. Voor de koningin betekenden die bezoeken inderdaad werken, zelfs al vóór ze in de auto stapte. Ze moest zich goed voorbereiden, wilde ze weten waarover de burgemeesters en de 'deskundigen' het hadden en wilde zijzelf zinnige vragen kunnen stellen. Bij de grens van de eerste gemeente die werd aangedaan, stond de burgemeester te wachten. Hij stapte bij Majesteit in de auto en week niet eerder van haar zijde dan dat zij de gemeente weer verliet en de volgende burgervader oppikte. Al die tijd voorzagen de burgemeesters de koningin van een gestage stroom informatie. Honderden mensen werden aan de koningin voorgesteld, dansgroepen voerden hun dansjes op, anderen toonden lang bewaarde klederdrachten, er werden gedichten voorgedragen en zanghuldes gebracht. Maanden van tevoren was al met de voorbereidingen begonnen en de goede zorgen voor majesteit werden vér doorgevoerd, soms tot in het absurde toe.

Omdat ik niemand in verlegenheid wil brengen, noem ik geen plaatsnamen, alleen de plek van handeling: het clubgebouw van een sportvereniging waar de koningin werd ontvangen en onthaald op enkele voordrachten over de wederopbouw van de betrokken regio. De ingang van het gebouw was fraai versierd, er was, Joost mag weten waar die vandaan kwam, een Perzische loper over de betontegels gelegd, het stonk naar de nieuwe verf en meteen rechts was op een deur een bord gehangen met koeien van letters: 'Gereserveerd voor H.M. de Koningin'. Naast de deur naar het toilet – want dat was het – stonden twee

palmen in bakken. Majesteit maakte geen gebruik van de opvallend aangeboden faciliteiten, zag echter wel de ginnegappende journalisten staan en verbeet, heel duidelijk, een glimlach. Niet altijd had ze begrip voor de wensen of het plezier van de pers; zo snauwde ze bij het verlaten van een kinderziekenhuis een verslaggeefster, die bij de hofdame informeerde wat voor soort bont de koningin droeg, toe 'dat dat absoluut niet belangrijk was, die kinderen daar, díe zijn belangrijk'.

Die werkbezoeken hadden één ding gemeen: nooit werd de hand gehouden aan het tijdschema. Wanneer Juliana eenmaal aan de praat was en geïnteresseerd in hetgeen ze hoorde, lette ze niet meer op de klok. Het enige dat nog wel eens wilde helpen, was de opmerking dat 'er daar-en-daar al een heleboel mensen' stonden te wachten. Toen de televisie nog niet of amper bestond, werd de koningin bij zulke bezoeken gevolgd door een complete perscaravaan; na afloop waren fotografen en journalisten gevloerd. De koningin was nog zo fris als een hoentje.

In de regel kon ze op één dag uit en thuis zijn; lukte het niet, dan overnachtte ze bij de Commissaris der Koningin, die in zijn ambtswoning altijd enkele vertrekken voor het staatshoofd in gereedheid moest houden. De vele cadeaus gingen mee naar Soestdijk, werden in de familiekring bekeken en, voor zover ze niet werden gebruikt, ondergebracht in het Koninklijk Huisarchief. Van de vele bloemen hield de koningin

In 1956 werd Juliana's oudste dochter, tevens opvolgster, achttien jaar en beleefde een paar spannende maanden: op 7 februari werd ze door haar moeder geïnstalleerd als lid van de Raad van State, op 25 maart deed ze geloofsbelijdenis, op 2 juni slaagde ze voor het eindexamen gymnasium en op 30 juni werd ze in de hoofdstad ontvangen. Op 25 februari was ze hoofdpersoon op het galadiner dat haar ouders de regering aanboden in het Paleis op de Dam. (ANP)

1949-1959

een of twee boeketten zelf, de rest ging naar tehuizen in de bezochte streek, evenals het grootste deel van de aangeboden lekkernijen.

De 31ste januari 1953, de dag waarop prinses Beatrix haar vijftiende verjaardag vierde, viel op een zaterdag. Dat kwam mooi uit, en dat het feest uitliep, was dan ook niet erg: iedereen kon immers uitslapen! Nog eer het licht was, werd koningin Juliana gewekt: door de noordwesterstorm was in Zuid-Holland, in Zeeland en op de Waddeneilanden een nog onbekend aantal dijken doorgebroken. Koningin Juliana waarschuwde haar man, die in New York was, liet een helikopter aanrukken en nam de rampgebieden vanuit de lucht in ogenschouw. In de volgende dagen was zij steeds in getroffen steden en dorpen te vinden, sprak ze met slachtoffers, die door alle emoties vaak niet eens doorhadden wie daar voor hen stond. Een tiener, enige overlevende van een groot gezin, huilde zó verschrikkelijk dat Juliana haar tegen zich aan trok om haar te troosten en ook haar eigen tranen de vrije loop liet.
Wanneer de koningin thuis was, belde zij alle bevriende staatshoofden af om hulp.
Het leven van de koninklijke familie stond geheel in het teken van de ramp. Prinses Wilhelmina begaf zich o.a. naar Zierikzee, dat vol zat met evacués uit de omgeving. Prins Bernhard wierp zich op als voorzitter van het Rampenfonds en nam actief deel aan de reddingswerkzaamheden. Beatrix en Irene hielden op school speelgoedinzamelingen, waaraan ook Margriet, na een vlucht boven Zeeland, meedeed. Zelfs prinses Marijke leverde haar aandeel: ze amuseerde de padvinders die in Paleis Soestdijk allerlei klusjes opknapten binnen het kader van de actie 'Een Heitje voor een Karweitje', waarvan dat jaar de opbrengst voor het Rampenfonds was.

Wie, buiten een handvol vertrouwelingen van het koninklijk gezin en een enkele journalist, kon bevroeden dat in Paleis Soestdijk spanningen heersten?

Het begon kort voor Juliana's inhuldiging, toen een oorlogsvriend van prins Bernhard de naam noemde van mevrouw Greet Hofmans, die bij de genezing van ongeneeslijk geachte zieken opzienbarende resultaten had geboekt. Misschien, opperde de vriend, zou zij ook iets voor prinses Marijke kunnen doen. Aanvankelijk voelden koningin en prins er niet voor, maar nadat oogartsen unaniem verklaarden Marijke niet verder te kunnen helpen, werd mevrouw Hofmans uitgenodigd voor een gesprek. Het resultaat was dat ze het 'dan maar eens moest proberen'. Tussen de 'gebedsgenezeres' en de koningin ontstond vriendschap; zij werd een geregelde gast op Soestdijk en wist de koningin te interesseren voor haar ideaal: een betere wereld die werkelijkheid kon worden door pacifisme en godsvertrouwen. Juliana stelde haar het jachtslot Het Oude Loo ter beschikking voor het houden van conferenties. Gelijkgestemde zielen, in ieder geval personen die als zodanig werden beschouwd en/of een zekere internationale naam hadden, hielden een inleiding – of luisterden toe. Koningin Juliana en ook prinses Wilhelmina namen geregeld aan deze conferenties deel.
Dat de zaak pas in 1956 in de openbaarheid kwam is een wonder, want al veel eerder waren enkele journalisten van het bestaan van de conferenties op de hoogte. In de tussenliggende periode doken in kleine kring steeds hardnekkiger geruchten op als zou mevrouw Hofmans via koningin Juliana invloed op het regeringsbeleid uitoefenen. Ongeloofwaardig, want Juliana was in ieder opzicht een constitutioneel vorstin, die haar opdracht en de haar opgelegde beperkingen goed kende. De ware toedracht van de kwestie zal wel altijd verborgen blijven, evenals de identiteit van degene die de boel werkelijk openbrak. Feiten zijn dat de prins al in 1950 aan mevrouw Hofmans de toegang tot Soestdijk ontzegde, dat hij in 1956 naar zijn eigen zeggen op het punt heeft gestaan om met de kinderen te vertrekken en dat de koningin er slecht uitzag.
Toen de publiciteit rond de 'Hofmans-affaire' – die overigens ook in het buitenland sterk de aan-

dacht trok – haar hoogtepunt bereikte, verzochten koningin en prins aan 'drie wijze mannen' te onderzoeken welke omstandigheden nu precies tot de overwegend negatieve publiciteit hadden geleid. Op hun advies brak de koningin met mevrouw Hofmans en verleende zij enkele leden van de hofhouding eervol ontslag.
Geleidelijk aan werd het gezinsleven in Paleis Soestdijk weer normaal. De dochters stonden niet langer tussen twee vuren, de opgelaaide abdicatiegeruchten verstomden, koningin Juliana bloeide zichtbaar op.
In haar kersttoespraak van 1956 liet ze merken hoe de geschiedenis haar had geraakt. 'Waarom vallen sommige mensen iemand aan langs slinkse wegen, met onware beweringen? Waarom trachten zij een wig te drijven tussen een man en een vrouw in vergeefse pogingen tot het vernietigen van een diepgewortelde eenheid? Waarom valt men daarbij nog anderen aan dan degene die men op het oog heeft? Kan men aan diegene dan niet rechtstreeks schrijven, wanneer men zekere bezwaren voelt aangaande diens persoonlijke houding, dat men meent dat die persoon ze bepaald weten moet? Wat bezielt zulke mensen dan toch? Wat zijn hun eigenlijke drijfveren? Maar heb ik soms het recht niet, te trachten, mezelf te zijn?'

In 1957 werd ook prinses Irene staatsrechtelijk meerderjarig. Hoewel zij de tweede in de lijn van de erfopvolging was, werd haar achttiende verjaardag niet zo plechtig gevierd als die van haar oudste zuster. Wel kwamen allerlei deputaties naar Soestdijk om haar cadeautjes aan te bieden. (BP)

1949

Prins Bernhard was in het begin van de jaren vijftig veel op reis; de Nederlandse regering had zijn talenten als goodwill ambassador ontdekt en stuurde hem naar alle uithoeken van de wereld. Kwam hij na vele weken, soms na vele maanden, terug, dan probeerde zijn vrouw steeds op vliegveld of kade aanwezig te zijn om hem te verwelkomen. In maart 1950 nam ze ook de vier dochters mee. (ANP)

Juliana heeft steeds grote bewondering gehad voor het werk van het Leger des Heils, dat dan ook zelden vergeefs een beroep op haar deed als haar aanwezigheid bij bepaalde gebeurtenissen een extra stimulans kon betekenen. In april 1949 deed het 'Leger' eens iets terug, zoals dat in goed Nederlands heet: het internationale muziekkorps – met hoofdkwartier Londen – verzorgde een concert bij Paleis Soestdijk. (NFP)

1949-1950

Naarmate de leden van het koninklijk gezin verder en veelvuldiger de vleugels uitsloegen, werd het traditie dat ze door de achterblijvenden werden uitgewuifd. Het meest golden die afscheidsceremonietjes prins Bernhard, en dat is altijd zo gebleven. (NFP)

Het eerste uitgaande staatsbezoek van het koninklijk paar gold Frankrijk. Van 23 tot 26 mei 1950 verbleven koningin Juliana en prins Bernhard in Parijs. Op de 24ste legden zij een krans op het Graf van de Onbekende Soldaat bij de Arc de Triomphe. (BP)

Op 20 en 21 juni 1950 bracht het koninklijk paar een officieel bezoek aan de provincie Groningen; alleen tijdens de rondrit door de Martinistad werkte het weer mee, voor de rest werd de feestvreugde aanmerkelijk getemperd door regen en onweer. Tot de geschenken die de gasten werden aangeboden, behoorde een gitzwarte Groningse merrie. (NFP)

1950-1951

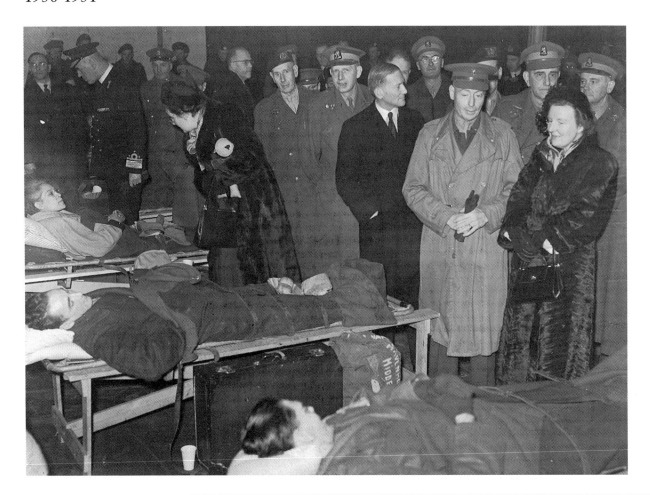

Belangstelling voor de repatrianten uit Indonesië: in 1950 verwelkomde koningin Juliana landgenoten die de rest van hun leven liever wilden slijten in het oude moederland dan in de nieuwe, zelfstandige republiek. Met de 'Grote Beer' kwamen zij in Nederland aan. (BP)

Verrassing voor moeder en dochters: terwijl de koningin en de drie oudste prinsessen de bloemen op de Keukenhof bewonderden, werd hun auto versierd met fleurige slingers. (NFP)

Het derde staatsbezoek gold Luxemburg; groothertogin Charlotte en prins Félix verwelkomden de gasten op vliegveld Findel (19 juni 1951). (NFP)

Op 13 juli 1951 konden de Noordoostpolder en het voormalige eiland Urk het koninklijk paar ontvangen. In Urk waren over de straten netten gespannen en werden Juliana en Bernhard verse tongetjes (nog geen vangstquotum!) overhandigd. 'Lekker voor morgenavond!' riep Juliana uit. (NFP)

1952

1952

Links boven: Op 21 mei 1952 stelde koningin Juliana het Amsterdam-Rijnkanaal officieel in gebruik door de 'Piet Hein' door een over het water gespannen lint te laten varen. Later onthulde prinses Marijke de gedenkplaat in de naar haar genoemde sluis. (NFP)

Tijdens haar bezoek aan Amsterdam in 1952 bezocht Juliana ook het weeshuis en werd daar uitgenodigd een rondedans met de kinderen te maken. Het weeshuis bestaat niet meer; in het gebouw is nu het Amsterdams Historisch Museum gevestigd. (ANP)

Links: In oktober 1952 wijdde Juliana Amsterdams nieuwste wijk Slotermeer in. Nadat ze welkom was geheten door de eerste bewoners van de 'tuinstad', maakte ze een wandeling en ging onderweg bij twee gezinnen op koffievisite. (NFP)

1953

In de zomer van 1953 mochten de twee oudste dochters voor het eerst alleen op reis: ze gingen enkele weken logeren bij Renée Röell, met wie ze tijdens de oorlog waren opgegroeid. Renées moeder hertrouwde na de oorlog met een Canadese diplomaat. (NFP)

Rechts: In augustus 1953 was de koningin gastvrouw voor vijfentwintig jonge vluchtelingen uit Oost-Europa. Zij woonden met hun ouders in de zogenoemde DP-kampen (DP = displaced persons), maar brachten een vakantie door in Nederland. (NFP)

Het jaarlijkse bezoek aan Amsterdam werd door de hoofdstad aangegrepen om Juliana's eerste regeringslustrum te vieren, onder andere met het stadionspel 'Juliana Regina', waarvan het hoogtepunt het bloemencorso was. Voor de gelegenheid trad ook Wilhelmina uit de zelf gekozen afzondering te voorschijn (1953). (NFP)

1953

1953-1954

Acht maanden na de stormramp van 1953 bracht Juliana een bezoek aan enkele nog steeds onder water staande gebieden. Ze verplaatste zich per helikopter, per motorboot of in een open vlet, sprak met tientallen mensen en deelde ook geschenken uit, onder andere konijnen voor kinderen uit Oosterland en Sirjansland. (NFP)

In maart 1954 maakte prins Bernhard een rondreis langs een aantal vliegtuigindustrieën in de Verenigde Staten. Hij testte diverse toestellen, doorbrak de geluidsmuur maar stond op de 29ste toch weer veilig en wel op vaderlandse bodem, waarna hij – in gezelschap van zijn vrouw, die hem afhaalde – meteen een persconferentie gaf. (NFP)

1954

De televisie rukte op; in Paleis Soestdijk stond al in 1952 een beeldbuis, zodat de dochters de reis van hun ouders naar de Nieuwe Wereld konden volgen, en in 1954 werkte Juliana mee aan een t.v.-opname in de speeltuin Oud-Naarden. In de laatste scène deelde de koningin snoepjes uit aan de kinderen. (NFP)

'Gelderland leeft en werkt snel,' zei koningin Juliana, toen ze op 11 september 1954 het nieuwe provinciehuis van Gelderland opende. De commissaris van de koningin in die provincie bood drie antieke bokalen aan; uit een daarvan dronk de koningin op het welzijn van Gelderland. (NFP)

1954

Hoog bezoek in begin november 1954: keizer Haile Selassie van Ethiopië met zijn oudste zoon en schoondochter. Kort na zijn aankomst maakte de Leeuw van Juda met zijn gastvrouw en gastheer een rondrit door Amsterdam; de belangstellenden stonden vele rijen dik langs de route. (BP)

Eerder in hetzelfde jaar, in augustus, ontvingen koningin en prins de Noorse koning Haakon, die een verre neef van de Oranjes is. Haakons grootmoeder, de Zweedse koningin Louise, was namelijk een dochter van prins Frederik der Nederlanden. (BP)

1955

Juliana en Bernhard hadden er een geïllustreerd gastenboek op na kunnen houden, want vrijwel iedereen die tijdens Juliana's regering in Paleis Soestdijk op bezoek kwam, werd met gastvrouw of gastheer dan wel met beiden gefotografeerd. In mei 1955 werden de minister-president van Thailand met echtgenote, de minister van Buitenlandse Zaken van het vroegere Siam met echtgenote en de Thaise ambassadeur in Nederland met echtgenote door de koningin ontvangen. (NFP)

In mei 1955 was Nederland tien jaar bevrijd, hetgeen op alle mogelijke manieren werd herdacht, onder meer met de extra groots opgezette vijfde Internationale Luchtvaartshow Ypenburg, de Ilsy. Onder de toeschouwers op het vliegveld bevond zich ook het koninklijk paar. Wie geen tribuneplaats meer had kunnen bemachtigen, sloeg de verrichtingen van de vliegers gade vanaf de openbare weg; alle verkeer rondom Den Haag was gestremd. (NFP)

1955-1956

In het najaar van 1955 bezochten koningin en prins de West. Omdat ze de 'rijksgenoten overzee' waar voor hun geld wilden geven, hadden zij de crème calèche naar Suriname en de Antillen laten verschepen, waarin zij rijtoeren door Paramaribo en Willemstad maakten. De prins had het moeilijk tijdens dit bezoek; amper was het begonnen of hij ontving bericht dat zijn vriend, de vlieger Gerben Sonderman, was verongelukt. Bij terugkeer in Nederland werd het koninklijk paar op Schiphol opgewacht door vijf prinsessen: Wilhelmina en haar kleindochters. (NFP)

In juni 1956 beantwoordde het Luxemburgse groothertogelijk paar het staatsbezoek dat Bernhard en Juliana in 1952 aan hun land brachten. Groothertogin Charlotte en prins Félix werden door hun gastvrouw onder andere meegenomen naar Zeeland, zodat zij een indruk konden krijgen van de in 1953 aangerichte verwoestingen maar ook… van de wederopbouw. (BP)

1957

In 1957 poseerde een zeer stemmig geklede koningin met een aantal rabbijnen, die in Nederland een congres bijwoonden. Het Huis van Oranje heeft zich van oudsher ingezet voor de joden, die binnen onze grenzen een toevluchtsoord zochten en vonden. (BP)

1957

Omdat Juliana besefte dat het voor bejaarden te vermoeiend en inspannend was deel te nemen aan het bloemendefilé op 30 april maakte ze er een gewoonte van om wat later in het jaar, als de kans op beter weer groter is, een aantal ouden van dagen apart te ontvangen. Voor de alleroudsten werden stoelen uit de eetkamer gehaald (19 juni 1957, in gesprek met mevrouw Van Delft, die 101 lentes telde). (NFP)

De koningin bij een Rotterdamse modevakschool. Vooral bij de bezichtigingen van onderwijsinstellingen wilde Juliana steeds het naadje van de kous – hier het naadje van de cape – weten. Van tijdschema's trok ze zich dan weinig aan. (NFP)

1957

7 december is Koninkrijksdag. Op Koninkrijksdag 1957 ontving Juliana in Paleis Soestdijk een deputatie, bestaande uit zes kinderen uit de drie rijksdelen van toen: Nederland, Suriname en de Antillen. Ze zeiden met elkaar een gedicht op en boden de koningin vervolgens een bloemstuk aan waarin bloemen uit de rijksdelen waren verwerkt. (NFP)

Tijdens Juliana's regering vierde het koninklijk gezin Kerstmis samen met het paleispersoneel en de leden van de hofhouding. De koningin las dan voor uit de bijbel, de prins hield een toespraak en soms deden de dochters mee aan een kerstspel. Het was de tijd van de chocolademelk, de Pro Juventute-kalenders en de kerstbroden. Koningin Beatrix maakte tot spijt van haar ouders een einde aan de traditie. (NFP)

1958

1958

'Vier dochters en mama, vijf plagen voor papa': het koninklijk gezin in 1958. Beatrix en Irene waren het huis uit; ze studeerden in Leiden respectievelijk in Utrecht, maar kwamen in het weekend meestal terug op het ouderlijk nest. (BP)

Links: Op 25 maart 1958 verwelkomde een slanke, modieus geklede Juliana haar jonge collega van overzee, 'The Queen'. Prins Bernhard had griep en kon zijn vriend de hertog van Edinburgh pas 'binnenshuis', in het Paleis op de Dam, begroeten. (BP)

1957: Marijke, Irene en hun moeder verwelkomen 'pappie' op Schiphol. (BP)

DIT GEBEURDE IN NEDERLAND

1949 Nederland ondertekent statuut van de Raad van Europa. – Ned. troepen weg uit Djokja. Begin ronde-tafelconferentie over relatie Nederland-Indonesië. – Soevereiniteitsoverdracht Indonesië.

1950 Algemene loonsverhoging van 5%. – Nederland erkent de staat Israël. – Suriname wordt zelfstandig deel Koninkrijk der Nederlanden. – Wet op de Publiekrechtelijke Bedrijfsorganisaties wordt van kracht. – Vogelpestepidemie. – Wederopbouwwet treedt in werking. – O.a. Nederland stuurt vlooteenheden naar Koreaanse wateren. – Ontbinding KNIL. – 630 officieren en manschappen vertrekken naar Noord-Korea. – Huurwet treedt in werking.

1951 Eerste gebruik van leugendetector in rechtszaak. – Nederlands-Japans betalingsakkoord. – Afdamming Brielsche Maas gereed. – Aanvang bouw nieuwe nylonfabriek in Emmen. – Cultureel akkoord met Unie van Zuid-Afrika. – Eerste verkiezingen in N.O.P. – Ongeregeldheden in Ambonezenkamp Woerden. – Rellen tussen Nederlanders en Ambonezen in Middelburg. – Eerste t.v.-uitzending vanuit Bussum. – Lidmaatschap comm. partij verboden voor ambtenaren.

1952 Ned.-Indon. besprekingen omtrent Nieuw-Guinea. – Opening Amsterdam-Rijnkanaal. – Standbeeld De Dokwerker onthuld.

1953 Einde Marshall-hulp voor Nederland. – Stormramp. – Actie 'Beurzen open, dijken dicht'. – Zuidafrikaanse premier Malan in Nederland.

1954 Loonronde van 5%. – Elfstedentocht. –

Amerikaans-Ned. besprekingen omtrent Amerikaanse vliegbasis in Nederland. – Mandement van de bisschoppen. – Rondetafelconferentie Ned., Ned. Antillen en Suriname. – Friese Siamese tweeling operatief van elkaar gescheiden. – Bekorting dienstplicht tot 18 maanden. – Intrede van profvoetbal. – Bekrachtiging nieuw Statuut voor het Koninkrijk.

1955 Wet op kijkgeld aangenomen. – Deltawet wordt voorgelegd aan het parlement. – Eerste vlucht van Fokker F-27 Friendship.

1956 Haagse burgemeester beschuldigd van medeplichtigheid aan arrestatie van joods gezin in oorlog. – Elfstedentocht. – Onthulling van het Nat. Monument op de Dam. – Hofmans-affaire. – Haagse burgemeester ontslag verleend. – Ned. protest tegen schuldenopzegging van Indonesië. – Dijk rondom Oostelijk Flevoland gedicht. – Eerste vrouwelijke minister: Dr. M.A.M. Klompé. – I.v.m. Hongaarse opstand wanordelijkheden bij gebouwen van communistische organisaties. – Zondagsrijverbod in verband met benzineschaarste. – Hongaarse vluchtelingen naar Nederland.

1957 SER adviseert positief over invoering algemeen weduwen- en wezenpensioen. – Kabinetsnota bestedingsbeperking. – Opening Velser tunnel. – Dijk tussen Marken en vaste wal gereed. – Onteigening en nationalisatie Ned. bezittingen in Indonesië.

1958 DAF-fabriek introduceert personenauto. – Ned. Herv. Kerk stelt ambten open voor vrouwen. – En heel de jeugd hoelahoept.

1959 Oprichting Ned. Dans Theater. – H. Schmidt na vijf jaar Indonesische gevangenschap vrij.

De tien premiers van Juliana

Van de tien premiers met wie Juliana heeft samengewerkt, was Dr. Willem Drees nummer een (1948-1958). Tussen deze twee sociaal bewogen mensen ontstond vriendschap en deze leidde ertoe dat de grote staatsman getuige was bij het huwelijk van Juliana's oudste dochter. Op 6 november 1955 woonden koningin en premier het dichten van het gat bij Ouwerkerk bij.
(© ANP/foto RVD)

De samenwerking met prof. Dr. L.J.M. Beel was van korte duur: van december 1958 tot mei 1959. Beel werd premier nadat de PVDA-ministers uit het kabinet-Drees hun ontslag hadden aangeboden. Drees werd door de koningin benoemd als informateur voor een nieuw te vormen kabinet. Reeds na drie dagen verzocht hij Juliana hem van zijn functie te ontheffen. (ANP)

Prof. Dr. E.J. ('Jan') de Quay was premier tot na de Tweede-Kamerverkiezingen van mei 1963; hij was een van de gastheren van de sjah van Perzië, die in mei 1959 een staatsbezoek aan Nederland bracht. Er gingen destijds geruchten dat de net gescheiden sjah op zoek was naar een nieuwe vrouw en belangstelling had voor prinses Irene. De Quay's kabinet was samengesteld uit leden van de KVP, CHU, ARP en VVD. (RVD)

Mr. V.G.M. Marijnen, minister van Sociale Zaken en Volksgezondheid in het kabinet-De Quay, was premier van juli 1963 tot februari 1965, toen zijn regering struikelde over het omroepbeleid. Hij was een van degenen die prinses Irene tot het inzicht brachten dat zij voor haar huwelijk met de prins van Bourbon-Parma haar rechten op de Nederlandse troon moest prijsgeven. Marijnen werd later burgemeester van Den Haag en trad bij het staatsbezoek van de Duitse president Heinemann op als gastheer in het Congresgebouw (november 1969). (RVD)

Op 13 april 1965 trad het rooms-rode kabinet-Cals aan. De PvdA, die ruim zes jaar in de oppositie was, deed weer mee. Mr. J.M.L. Th. Cals, in het voorgaande kabinet minister van Onderwijs, Kunsten en Wetenschappen, werd door de koningin veelvuldig betrokken in het overleg over het huwelijk van haar oudste dochter met een Duits staatsburger. In 1966 ontving mr. Cals eveneens president Bourguiba van Tunesië. (© NFP/foto RVD)

Het kabinet-Cals kwam op 14 oktober 1966 ten val na onenigheid tussen KVP en PvdA ('De nacht van Schmelzer'). Prof. Dr. J. Zijlstra, later president van De Nederlandsche Bank, stelde een interimkabinet van KVP- en AR-ministers samen, dat in 1967 vervroegde verkiezingen uitschreef. (NFP)

De nieuwe premier, de gewezen duikbootkapitein P. ('Piet') J.S. de Jong, was voor koningin Juliana en prins Bernhard geen onbekende; hij was immers adjudant van de koningin. Hij bewoonde een tijdlang een van de tuinhuizen bij Paleis Huis ten Bosch en zorgde, samen met zijn minister van Buitenlandse Zaken, mr. Joseph Luns, tijdens de langdurige kabinets-vergaderingen dikwijls voor wat humor. (NFP)

Geheel boven: Het kabinet-De Jong maakte de vier jaren vol en werd opgevolgd door het vijf-partijenkabinet (KVP, AR, CHU, VVD en DS '70) van mr. Barend Biesheuvel. Op 6 juli 1971, na een formatieperiode van 63 dagen, werd het kabinet door de koningin in Huis ten Bosch beëdigd. (BP)

Boven: Reeds na een jaar traden de twee DS '70-ministers af. De koningin onderbrak haar vakantie in Ierland, er kwamen vervroegde verkiezingen en na een kabinetsformatie van 164 dagen kon Juliana het eerste kabinet-Den Uyl beëdigen (11 mei 1973). (BP)

Vlak voor het scheiden van de markt struikelde het kabinet over de grondpolitiek; Den Uyl, door de koningin benoemd tot formateur, gooide het bijltje erbij neer. De voormalige minister van Justitie, mr. A. van Agt, de nieuwe formateur, slaagde erin een CDA-VVD-kabinet samen te stellen (december 1977). (BP)

1959-1969

De dagelijkse gezellin van haar moeder

(Thijs Booy)

Vijftig werd ze; het nationale geschenk bestond uit een met diamanten bezet platina avondhorloge, waarvan de wijzerplaat schuilging onder een dekseltje. Oog in oog met Abraham te staan vormde voor koningin Juliana geen probleem. 'Vijftig is een aantrekkelijke leeftijd,' zei ze. 'Men heeft de gelegenheid gehad, een goede dosis ervaring en levenswijsheid op te doen; het vallen en opstaan, de teleurstellingen, maar ook de goede en mooie dingen, vreugde en leed te leren kennen. Van dit alles heeft men in een halve eeuw veel meegemaakt. Aan de andere kant is men met vijftig nog geheel fit, geestelijk en lichamelijk in staat deel te nemen aan het volle, veelzijdige leven...'

In huis was het in de voorgaande jaren althans door de week stiller geworden. Prinses Beatrix studeerde sedert 1956 in Leiden, woonde er op kamers, at in de MENSA en trok ook wel eens een blik open. Natuurlijk was ze lid van de studentenvereniging VVSL. Omdat ze in het bezit was van het gymnasiumdiploma, kon zij, in tegenstelling tot haar moeder, wél universitaire examens afleggen en een academische graad behalen.

Prinses Irene, die eindexamen MMS had gedaan, studeerde in Utrecht, deelde een flat met een vriendin en was lid van de UVSV, de Utrechtse Vrouwelijke Studenten Vereniging. In de weekends reden de meisjes achter het stuur van hun eigen auto naar huis, waar zij 'mammie' van alles over hun belevenissen vertelden. De koningin kon niet genoeg van hun verhalen krijgen, al vond zij één ding jammer. Zij had zich in Leiden door iedereen 'Jula' laten noemen, de dochters echter wilden alleen door hun vrienden met de voornaam worden aangesproken. Voor ieder ander waren ze 'koninklijke hoogheid'.

In 1961 vertrok prinses Margriet na haar eindexamen gymnasium A voor een jaar naar Montpellier om verschillende colleges te volgen. In juli slaagde prinses Beatrix voor haar doctoraal in de vrije studierichting en installeerde zich in haar oude kamer in Paleis Soestdijk, zij het voor tijdelijk. Al in 1959 kocht zij het vlak bij haar ouderlijk huis liggende kasteeltje Drakensteyn. Het moest worden opgeknapt, maar zodra het bewoonbaar was, zou de prinses erin trekken.

Prins Bernhard was weinig thuis; hij kweet zich nauwgezet van zijn taak als inspecteur-generaal van de Koninklijke Landmacht, Marine en Luchtmacht, behartigde voor Nederland tal van zakelijke belangen over de grenzen en werd zeer in beslag genomen door het presidentschap van het in 1961 opgerichte World Wildlife Fund.

Prinses Marijke had zich ontwikkeld tot een zelfstandige en tamelijk eigengereide jongedame met een eigen vriendenkring. Voor koningin Juliana was de noodzaak om de dochters na schooltijd op te vangen langzamerhand verdwenen. Ze maakte langere werkdagen en ook de zaterdagen gebruikte ze steeds veelvuldiger om haar verplichtingen na te komen.

Was ze eenzaam, in die tijd? Ik geloof van niet; ze had immers enkele goede vriendinnen, die altijd bereid waren haar een poosje gezelschap te houden.

Juliana's grootste persoonlijke zorgen in het begin van de jaren zestig golden haar moeder. Koningin Wilhelmina was slecht ter been, had op gezette tijden een inzinking waar ze dan wel weer

1959-1969

In juli 1961 slaagde prinses Beatrix in Leiden voor haar doctoraal in de vrije studierichting. Voor haar geen eredoctoraat zoals destijds voor haar moeder: Beatrix studeerde en deed tentamens volgens alle regelen der wetenschap, maar moest harder aanpakken dan haar medestudenten, omdat er toch van haar werd verwacht dat zij haar, overwegend representatieve, verplichtingen als troonopvolgster nakwam. Wie opgeluchter en verheugder was toen Beatrix haar bul kreeg, de moeder dan wel de dochter, valt moeilijk te zeggen. (BP)

van opknapte, maar elke keer wat minder. Toen de plannen voor de zilveren bruiloft van haar dochter en schoonzoon werden gesmeed, liet ze weten niet van de partij te zullen zijn. Ze doelde op de nationale viering in het voorjaar van 1962. De eigenlijke herdenkingsdag, 7 januari 1962, werd in familiekring gevierd, maar ver van huis: in Oostenrijk. Koningin Juliana waardeerde het enorm dat haar moeder haar persoonlijk kwam feliciteren met haar drieënvijftigste verjaardag. Aankomst en vertrek van de oude vorstin bleven onopgemerkt. De aan het bloemendefilé voorafgaande bedrijvigheid bleef immers achterwege: het koninklijk gezin bracht koninginnedag door in Amsterdam, maakte een rondrit door het centrum, werd onthaald op een manifestatie in de RAI en voer met de historische koningssloep door de grachten.

Onderwijl arriveerden op Schiphol de bruiloftsgasten. Uit Engeland kwamen Elizabeth II en de hertog van Edinburgh, uit Iran de sjah met zijn charmante Farah, uit Luxemburg zowel het groothertogelijk als het erfgroothertogelijk paar. Het Zweedse koningshuis werd vertegenwoordigd door o.a. prins Bertil, wiens naam lang geleden was gekoppeld aan die van Juliana; uit Noorwegen kwam koning Olav. Sommigen keken wel wat vreemd op toen zij werden uitgenodigd in autobussen te stappen; snel kwamen zij echter tot de conclusie dat ze vanaf hun hoge zitplaatsen een betere blik op de bollenvelden hadden dan in een gewone auto het geval zou zijn geweest. Doel van de tocht was de Keukenhof.

Even geanimeerd ging het toe tijdens het dinerdansant in het voor de gelegenheid afgehuurde Amstelhotel. De feestelijkheden werden voortgezet met een bal aan boord van de 'Oranje' en afgerond met een tocht langs de provinciehoofdsteden.

Tussen de bedrijven door liet koningin Juliana zich naar Het Loo brengen om haar moeder verslag uit te brengen; tijdens de in Porte Ercole doorgebrachte zomervakantie belde zij dagelijks naar Nederland om zich over Wilhelmina's gezondheid te laten informeren.

De berichten waren niet goed, al maakte de prinses begin augustus nog een lange autotocht over de Veluwe en al bleef ze bezig met haar uitgebreide correspondentie, het nationale en interna-

1959-1969

tionale nieuws en vooral: met haar studiën over het religieuze leven. Meer dan ooit vormden de bezoeken van haar dochter lichtpuntjes in haar bestaan, dat zich vrijwel geheel binnenshuis afspeelde. In 'Het is stil op Het Loo' schreef Thijs Booy: 'Met een ons (Wilhelmina's staf – AHK) vaak ontroerende trouw heeft de koningin, die toch waarlijk niet veel vrije tijd had, haar oude moeder opgezocht, en toen het laat op de levensavond van Wilhelmina was geworden zelfs zó veelvuldig dat het ganse Loo haar achter haar rug hierom geprezen heeft. Toen zeker was dat de oude koningin niet meer zou terugkeren achter haar schrijftafel, reed Juliana elke dag na de vervulling van haar ambtsplichten naar haar ouderlijk huis. Zij was de dagelijkse gezellin van haar moeder na de bocht van de levensweg die de markt van Delft in het gezicht bracht.'

In de eerste uren van de 28ste november overleed Wilhelmina in haar slaap. Haar dochter was in haar onmiddellijke nabijheid. Niemand kon nu meer met recht 'kind' tegen Juliana zeggen.

Hoe vaak zou koningin Juliana in de volgende jaren hebben verzucht: 'Kleine kinderen, kleine zorgen grote kinderen, grote zorgen'?

Prinses Marijke luidde de roerige periode in door op haar zestiende verjaardag te verklaren dat ze genoeg had van haar 'kinderachtige' naam. Ze wilde voortaan Christina worden genoemd. Haar moeder vond het best, stelde de Rijksvoorlichtingsdienst op de hoogte van Marijkes – Christina's – wens, erop vertrouwend dat deze officieel bekend zou worden gemaakt. Christina had nog een tweede verrassing voor thuis in petto: ze had tevens genoeg van het Baarns Lyceum, waar zij, evenals haar zusters, naar toe was gestuurd. 'Wat wil je dán?' vroeg de koningin, die zeer aan die gymnasiale opleiding hechtte en het had betreurd dat Irene de voorkeur aan de MMS gaf. Prinses Christina had het goed uitgedokterd: ze wilde naar een experimentele HAVO in Amersfoort en in diezelfde stad gaan inwonen bij de ouders van een vriendin. Na een dag of wat heen en weer gepraat gaven pappie en mammie toe.

De koningin wende eraan dat haar jongste vrijdagsavonds achter op de brommer van een vriendje bij het paleis werd afgeleverd. Niet bepaald stijlvol voor een prinses – maar vooruit maar, zolang het kind er gelukkig mee was.

De volgende die koningin en prins voor het blok zette, was prinses Irene. Dit elegante, ogenschijnlijk zo meegaande meisje werd tijdens een verblijf in Spanje buiten medeweten van haar ouders katholiek. Ze had de reis naar het Iberisch schiereiland gekregen als beloning voor het afronden van haar Spaanse studie. Natuurlijk hield de internationale fotopers haar scherp in de gaten: de aantrekkelijke Irene had tenslotte de huwbare leeftijd. Niemand slaagde erin een foto van de prinses met aanbidder te maken, iemand echter slaagde erin een foto van de prinses ter communie te maken. Haar bezoek aan een Madrileense kerk was niet zo onopgemerkt gebleven als ze zelf dacht. Of... zou ze het erop hebben laten aankomen? Zoals iemand uit haar omgeving eens zei: 'Met Irene weet je het nooit.'

In Nederland was de algemene verontwaardiging groot. Vanwaar Irenes geheimzinnigheid? En waaróm was ze katholiek geworden? Soms onder invloed van haar grootmoeder van vaderszijde, prinses Armgard, die ook op latere leeftijd katholiek was geworden en een sterke band met Irene had? Was er misschien een man in het spel? 'Neenee,' verklaarde de prinses; het protestantse geloof was haar gewoon te zwaar, te drukkend. Na de eerste schok was koningin Juliana bereid om andermaal te redeneren: als het kind maar gelukkig is.

Prins Bernhard kreeg gedaan dat Irene alsnog officieel in de katholieke geloofsgemeenschap werd opgenomen; dat gebeurde in Rome, door de Nederlandse kardinaal Alfrink.

In protestantse kringen maakte men zich zorgen. Prinses Irene was nummer twee op de lijst van troonopvolgsters.

Hoe moest dat indien prinses Beatrix onverhoopt afhaakte? Zou Nederland dan op den duur een katholiek koningshuis krijgen? Enkele streng gereformeerde gemeenten gingen ertoe over Prinses Irene-straten, -gebouwen en -pleinen om te dopen.

Begin januari 1964 werd de prinses in tegenwoordigheid van haar moeder en oudste zuster beëdigd als tolk-vertaler Spaans en vertrok ze opnieuw naar Spanje. De afspraak luidde dat zij zich over enige tijd bij haar ouders, Beatrix en Margriet zou voegen in Innsbruck, waar de Olympische Winterspelen werden gehouden. Irene vertoonde zich echter niet; wel belde ze haar ouders op om te vertellen dat zij zich zou verloven met prins Carlos Hugo van Bourbon-Parma. Koningin en prins verschoten van kleur. Carlos' vader, Xavier, was leider van de Carlisten, de politieke beweging die als grootste opponent van Franco en diens reeds aangewezen opvolger Juan Carlos werd beschouwd. Hals over kop vlogen koningin en prins naar Nederland terug; in plaats van de verwachte verloving bekend te maken, verklaarde de koningin via dc radio dat deze geen doorgang zou vinden. 'Wij doen een dringend beroep op u allen om onze dochter de rust te gunnen waaraan zij onder deze omstandigheden zozeer behoefte heeft. Wij hopen onze dochter binnenkort weer in ons midden te zien.'

Dat gebeurde inderdaad: Irene echter verscheen tóch met verloofde, gevolgd door diens vrijwel gehele familie. Bij deze ongewone gang van zaken hadden koningin en prins één troost: het verloofde stel werd uitbundig toegejuicht. Zó groot was het enthousiasme dat de auto waarmee de prins zijn dochter en aanstaande schoonzoon naar Soestdijk bracht, door belangstellenden werd bestormd en vrij ernstig beschadigd. Daarna volgden enkele dagen die het koninklijk gezin moeten zijn voorgekomen als een nachtmerrie. Irene wilde de regering toestemming vragen voor haar huwelijk; kreeg ze die, dan zou ze haar aanspraken op de Nederlandse troon behouden. Er werd haar duidelijk gemaakt dat die toestemming haar zou worden geweigerd, omdat haar verloofde aanspraken maakte op de Spaanse troon en, eventueel, een Nederlandse soevereine, die tevens koningin van Spanje was... dat kón niet. Koningin Juliana wenste Irenes verloving niet officieel bekend te maken, omdat Irenes Spaanse secretaresse én haar aanstaande schoonvader dit reeds hadden gedaan. Irene moest het Nederlandse volk dus zelf op de hoogte stellen, maar deed dit via een door een nieuwslezer voorgelezen verklaring. De schoonfamilie,

Kort nadat prinses Irene in die opwindende februarinacht van 1964 haar verloving met Hugo-Carlos van Bourbon-Parma bekend had gemaakt, arriveerden ook haar schoonouders uit Parijs in Nederland. Het koninklijk paar en het verloofde stel haalden hen van de trein. Tussen de prins en de koningin prinses Madeleine, naast Irene prins Xavier. (NFP)

1959-1969

ondergebracht in Soestdijk, kon haar ergernis over de ontwikkelingen amper verbergen. Ze kreeg morele steun van tientallen partijgenoten, die naar Nederland waren getrokken om alvast de bruiloft voor te bereiden en te gebruiken als middel om hun streven onder de internationale aandacht te brengen. De Bourbon-Parma's gedroegen zich dermate dat de lankmoedige prins Bernhard naderhand geen goed woord voor hen overhad. Hóe ze echter ook praatten, het besluit dat aan prinses Irene geen regeringstoestemming voor haar huwelijk zou worden verleend bleef gehandhaafd.

Van alle strubbelingen kwam pas naderhand iets naar buiten, en wel voor het vertrek van het koninklijk paar naar Mexico. Koningin en prins zouden bij dit staatsbezoek worden vergezeld door prinses Beatrix en, op speciale uitnodiging van de Mexicaanse president, ook door prinses Irene. Ze had in 1961 bij zijn gezin gelogeerd en was bevriend geraakt met zijn dochter.

Irene liet het echter afweten. Haar pogingen ook haar verloofde bij het staatsbezoek te betrekken, hadden schipbreuk geleden. Er werd een mooie draai aan gegeven; haar moeders particuliere secretaris verklaarde uit haar naam dat zij op wens van haar verloofde had besloten meteen te delen in diens werk, met alle gevolgen van dien. Teneinde haar moeder geen staatkundige problemen te bezorgen, ging ze dan ook niet mee naar Mexico. Men zegt dat de koningin met een behuild gezicht in het vliegtuig stapte.

Nederland was perplex, het was dan ook al bijna een eeuw lang verwend wat de plichtsbetrachting van de Oranjes betreft. In een oogwenk was vooral Carlos de gebeten hond; Irene verspeelde eveneens veel van de algemene sympathie.

En toch, na al die jaren, moet men zich afvragen of het allemaal in de eerste plaats van háár uitging. Het lijkt er eerder op dat ze vooral door haar schoonvader werd gemanipuleerd. Ze had zich natuurlijk niet mógen laten manipuleren; ze was echter nog jong, had weinig levenservaring en was verliefd. Dan doet een mens vreemde dingen.

Over de huwelijkssluiting was verder overleg uitgesloten. Kort na haar terugkeer uit Mexico werd Juliana door Irenes aanstaande schoonvader telefonisch van de plannen op de hoogte gesteld: de bruiloft zou plaatsvinden in Rome en de Nederlandse koninklijke familie was welkom. Mede uit naam van man en dochters sloeg Juliana de uitnodiging af. Ze gingen op die 29ste april 1964 naar Huize Warmelo om bij prinses Armgard de t.v.-uitzending van Irenes bruiloft te zien. De ontvangst heette daar beter te zijn dan in het Gooi. Halverwege de uitzending viel in Diepenheim echter de stroom uit.

In het voorjaar gingen de prinsessen Beatrix en Margriet naar Duitsland om de bruiloft van Tatjana zu Sayn-Wittgenstein – een verre nicht – met prins Maurits van Hessen bij te wonen. Een paar maanden later was prinses Beatrix zó zeker van haar gevoelens voor de Duitse diplomaat Von Amsberg die ze op de Berleburg had ontmoet, dat ze er met haar ouders over durfde te beginnen. Er is weinig fantasie voor nodig om zich voor te stellen hoe koningin en prins reageerden. Ze waren ontzet: dat Beatrix' uitverkorene niet van adel was, nou ja, daar viel mee te leven en daar was ook wel wat aan te doen, Juliana kon hem een titel verlenen. Dat hij een Duitser was, lid van de Hitlerjeugd was geweest en in de laatste oorlogsmaanden in militaire dienst... dat was een bijna onoverkomelijk probleem. Ze lieten inlichtingen over Von Amsberg inwinnen, over zijn familie. Ze wezen hun dochter herhaaldelijk op de felle tegenstand waarop het door haar begeerde huwelijk zou stuiten. Daar was de prinses zelf ook wel van overtuigd, ofschoon naderhand bleek dat ze de moeilijkheden had onderschat. Pappie en mammie gaven de wens te kennen Von Amsberg persoonlijk te ontmoeten. Toen ze zich ervan hadden vergewist dat het de jongelui ernst was, hielpen ze, koningin én prins, hen om de verbintenis in Nederlandse ogen aanvaardbaar te maken. Ze kenden hun oudste immers, ze wisten dat Beatrix, geplaatst voor de keuze tussen liefde en plicht, de

1959-1969

Op 10 maart 1966 trouwde in Amsterdam de oudste dochter van het gezin van Soestdijk. Vooral voor koningin Juliana moet het zeer teleurstellend zijn geweest dat Beatrix' grote dag ten dele werd bedorven door rookbommen en relletjes. (BP)

plicht zou kiezen doch tevens voorgoed afstand van persoonlijk geluk zou doen.
En zo werden andermaal urenlange besprekingen met ministers en volksvertegenwoordigers gevoerd, nu tevens met vertegenwoordigers uit het voormalig verzet en uit het joodse volksdeel.
'Mijn verlovingstijd was niet de periode, die ik tot de fijnste van mijn leven zou willen rekenen. Het was een heel moeilijke tijd, die alleen te doorstaan was door hetgeen tussen mijn vrouw en mij bestond,' aldus prins Claus in 1970. Hij had eraan kunnen toevoegen: '… en door de steun van mijn schoonouders.'
Juliana en Bernhard stonden pal achter hun dochter, en al bestempelde de prins de rookbommen op de onrustige trouwdag – 10 maart 1966 – in Amsterdam als 'grappen van die kinderen', de koningin vond het vreselijk dat de bruiloft van haar dochter aanleiding tot geweld gaf.
En prinses Margriet? Die was al ten tijde van Irenes verloving 'smoor' op Pieter van Vollenhoven. Kort na hun kennismaking nam ze hem reeds mee naar huis, ze kwam ook geregeld bij zijn ouders en wist dat ze pappies en mammies zegen had. Het stel was bereid om de officiële verloving uit te stellen tot Van Vollenhoven zijn meesterstitel had behaald en het huwelijk van prinses Beatrix was geregeld. Hun vrienden hielden hun mond. Journalisten die een tip hadden gekregen en in Leiden op onderzoek uitgingen, stuitten op een muur van verbaasde gezichten en goed gespeelde onnozelheid. 'Prinses Margriet en… hoe zei u ook weer? O ja, Pieter van Vollenhoven. Wat doet die? Rechten? Nooit iets van gemerkt, nee, dat is beslist niet waar.'
Het was dus wél waar, en begin maart 1965 werd Soestdijk gewaarschuwd dat er iets dreigde uit te lekken. Geen getreuzel meer, besloot de koningin, die op de 10de de officiële verloving bekendmaakte. Pieter had tijdens de wintersportvakantie een been gebroken en hompelde onhandig over het grasveld bij het paleis, beantwoordde grap met grap en had het binnen de kortste keren helemaal 'gemaakt'. De Nederlanders vonden hem een aardige vent, op de verbintenis tussen de derde troonopvolgster en een 'zoon uit het volk' werd amper een woord van kritiek vernomen.

147

1959-1969

Er is Juliana wel verweten dat ze veel te lang heeft gewacht met de bekendmaking van Beatrix' verloving. Dat gebeurde op 28 juni 1965, terwijl heel het land reeds medio mei op de hoogte was van Beatrix' plannen. Er moesten echter heel wat problemen, van staatkundige zowel als van gevoelsmatige aard, worden gladgestreken. De koningin had echter nóg een reden voor het uitstel: prinses Christina was in die periode aan haar eindexamen bezig en daar het zien nog altijd veel inspanning van haar vergde, had ze er een zware dobber aan. Afleiding moest worden vermeden. Zodra Christina haar HAVO-diploma op zak had, kon er echter worden gefeest.

Al jaren wist de prinses dat ze, evenals haar zusters, een vak zou moeten leren, een beroep moest kiezen, zodat ze in haar eigen onderhoud zou kunnen voorzien. Christina wist echter niet wat ze wilde worden. Haar moeder stelde voor dat ze zich eerst dan maar eens een poosje moest gaan 'oriënteren'. Dat gebeurde op de Sociale Academie De Horst in Driebergen, waar Christina cursussen sociologie, kunstgeschiedenis en psychologie volgde en het besluit nam pedagogie te gaan 'doen' aan de universiteit van Groningen. Ze kwam in huis bij een hoogleraar en begon welgemoed aan het studentenleven, waarover haar zusters zo dikwijls hadden verteld. De studie was interessant genoeg, voor de rest baalde Christina weldra. Ze baalde van het opzien dat ze maakte wanneer ze met vrienden een café binnenliep. Ze baalde van de manier waarop ze werd aangekeken wanneer ze boodschappen deed, baalde van degenen die opdringerig haar vriendschap zochten... omdat ze prinses was. Christina baalde van haar deftige kamer in de deftige straat en betrok zonder overleg met thuis een echte studentenkast; ze baalde van het Wilhelmus en het Oranje boven, die werden aangeheven wanneer ze zich ergens vertoonde. Christina maakte van haar hart geen moordkuil, kon zich heel giftig over die ongewenste belangstelling maken en fel uitvallen, waarbij ze niet direct parlementaire taal bezigde.

Na enige tijd verloor ze haar belangstelling voor de studie en omdat ze een aardige stem had – heeft – dacht ze er beter aan te doen haar toekomst in de muziek te zoeken. Echter onder geen voorwaarde in Nederland, want dan begon het lieve leven weer van voren af aan.

De prinses meldde zich voor het toelatingsexamen aan het conservatorium Vincent d'Indy in Montreal, slaagde en werd in de herfst van 1968 door haar moeder op het vliegtuig naar Canada gezet. Zolang Christina in Canada studeerde, placht Juliana haar geregeld op te zoeken. Ze wisselden nieuwtjes uit, gingen uit eten, winkelden en genoten volop van hetgeen beiden het meest waardeerden: opgaan in de anonimiteit die iedere wereldstad biedt.

In de kerstvakanties kwam de prinses thuis, hielp tijdens de kerstviering het paleispersoneel met het inschenken van de chocolademelk, het uitreiken van de broden en de kalenders. De zomervakanties bracht ze met de rest van de familie door in Porte Ercole, waar ze zich met enkele vrienden installeerde in een gehuurd appartement.

En dat was een goede regeling; Christina had de vrijheid, de anderen hadden wat meer ruimte ter beschikking. 'De Gelukkige Olifant', het in 1960 voltooide buitenhuis van de koninklijke familie, is immers niet zo groot. Voor pappie en mammie, Beatrix en Claus, Margriet en Pieter en voor Irene en Carlos, met wie reeds in de zomer van 1964 de vrede was getekend, was er plaats genoeg; de meisjesslaapkamers werden echtelijke slaapvertrekken.

Toen echter ook de kleinkinderen van de Italiaanse zon moesten profiteren, werd het passen en meten en kon er alleen nog bij toerbeurt in de Olifant worden gelogeerd.

Die kleinkinderen dienden zich in snel tempo aan: als eerste arriveerde Willem Alexander (1967), in 1968 volgden Maurits en Friso en toen koningin Juliana haar zestigste levensjaar afsloot, wist ze dat ze spoedig voor de vierde en vijfde keer grootmoeder zou worden. Beatrix en Margriet waren allebei in verwachting.

1959-1960

In juli 1959 bracht koning Boudewijn van België een staatsbezoek aan Nederland. De enigszins verlegen vorst was nog steeds niet getrouwd, en aangezien Juliana's beide oudste dochters alle onderdelen van het programma meemaakten, ontstonden geruchten als zou een verloving tussen Boudewijn en prinses Irene ophanden zijn. (NFP)

Rechts boven: In 1959 werd de koningin een boek over de monumenten van Curaçao aangeboden. Prinses Beatrix, die het jaar daarvoor haar eerste bezoek aan de West had gebracht, was eveneens bij de korte plechtigheid aanwezig. (NFP)

In januari 1960 werd Juliana voor de zoveelste maal duidelijk dat zij koningin van een waterland was. Bij Tuindorp-Oostzaan brak een dijk door, waardoor grote gebieden onderliepen en vele bewoners in ernstige problemen geraakten. (NFP)

1960

In haar ruim dertigjarige regeringsperiode heeft Juliana een stroom van bezoekers ontvangen, uit binnen- zowel als uit buitenland, mensen uit de werelden van de kunst, de wetenschap; mensen met een grote naam en mensen die bijna niemand kende; en dan natuurlijk de staatshoofden. In maart 1960 heette zij Dr. Manuel Prado van Peru en diens echtgenote welkom op Nederlandse bodem. (NFP)

Op de zonnige maar frisse koninginnedag van 1960 werd de jarige onder meer verblijd met een cheque van de Nederlandse Padvindersvereniging, die haar gouden jubileum vierde en de opbrengst van 'een heitje voor een karweitje' via de koningin ter beschikking van de vluchtelingen stelde. (NFP)

1961

Ontelbare streek- en stadsbezoeken legde Juliana tijdens haar regeringsperiode af. Het waren doorgaans lange dagen, waaraan ook heel wat voorwerk voorafging. Juliana placht haar huiswerk goed te maken. Ze wist, als ze ter plaatse kwam, al veel van de problemen waarmee de bevolking te kampen had, maar vroeg niettemin de autoriteiten het hemd van het lijf (Naaldwijk, 27 januari 1961). (NFP)

Op 6 maart 1961 vierde Juliana haar koperen regeringsjubileum. Met man en oudste dochters nam zij een defilé af van 4000 Nederlanders, ook uit de rijksdelen overzee, en sloeg de manifestatie 'Wij vrouwen' gade. Plaats van handeling: Paleis Huis ten Bosch. (BP)

1961

1961

Koninginnedag 1961 viel op een zondag; vandaar dat het bloemendefilé op de 1ste mei werd gehouden. Tot de geschenken behoorden natuurlijk ook weer wat poppen voor Juliana's verzameling. Een paar verpleegsters brachten een pop in zustersuniform voor haar mee. (NFP)

Links: In april 1961 bezocht Juliana Friesland. In Kollum werden haar twee lammetjes aangeboden voor haar jongste dochter. De wolletjes vonden een goed thuis in Soestdijk, waar reeds allerlei dieren waren: honden, vogels, geitjes, een ezeltje en paarden. (NFP)

Op 6 juli 1961 sloegen koningin en prins vanaf het zonne-eiland van de nieuwe Scheveningse pier de vlootshow van de Koninklijke Nederlandse Marine gade. Niet alleen schepen namen daaraan deel, maar ook vliegtuigen en helikopters. Prins Bernhard, inspecteur-generaal van de Marine, droeg uiteraard het admiraalsuniform. (NFP)

1962

1962

Links: Op 7 januari 1962 waren koningin Juliana en prins Bernhard 25 jaar getrouwd. Met hun vier dochters vierden zij deze dag in Lech, waar zij, zoals gewoonlijk, logeerden in Gasthof Post van de familie Moosbrugger. De officiële feestelijkheden waren in verband met het jaargetijde opgeschoven naar de lente. (NFP)

En zo trok op 2 mei een wel heel 'hoog' gezelschap de poorten van de Keukenhof binnen. Het Iraanse keizerspaar, de Noorse koning, het Engelse en het Belgische koningspaar, de Duitse troonpretendent met zijn vrouw en nog vele, vele anderen bewonderden in alle toonaarden de bonte bloemenpracht. (NFP)

Daags voor het overlijden van koningin Wilhelmina bracht Nederland miljoenen bijeen voor de bouw van 'Het Dorp', bestemd voor gehandicapten. Reeds twee maanden later schilderde Juliana haar naam op het bord dat naderhand bij de toegang naar de woongemeenschap werd geplaatst. (BP)

1962

Koningin Wilhelmina overleed op 28 november 1962 en op 8 december werd haar stoffelijk overschot bijgezet in de grafkelder van de Oranjes in de Nieuwe Kerk te Delft. Evenals haar man, prins Hendrik, had ze een witte begrafenis gewild. Juliana zei in haar kersttoespraak van dat jaar onder meer: '...naarmate haar hoge ouderdom haar steeds meer aan banden legde, verlangde moeder ook sterker naar het einde van haar aardse bestaan, en dieper, op haar eigen duidelijke en reële manier, naar het eeuwige leven. Dit bleek uit haar begrafenis, haar laatste stralende boodschap'. (BP)

Tot 4 december stond de baar van de overleden vorstin in de kapel van Paleis Het Loo; steeds betrokken vier leden van Wilhelmina's personeel en van het koninklijk huis de dodenwacht. De kist was toegedekt met de Nederlandse vlag, met daarop de opengeslagen 'Watersnoodbijbel'. (NFP)

1963

Meteen na Wilhelmina's overlijden hervatten de leden van de koninklijke familie hun normale werkzaamheden, maar gunden zich ook de nodige ontspanning. Op 18 januari 1963 arriveerden koningin Juliana en prinses Beatrix, beiden warm ingepakt, per helikopter in Leeuwarden om het slot van de Elfstedentocht bij te wonen en de winnaar van de wedstrijdtocht, Reinier Paping, persoonlijk te feliciteren. (NFP)

Maart 1963: de Franse president Charles de Gaulle en zijn vrouw brachten een bliksembezoek aan Nederland. De stemming was niet zo opgewekt als bij de meeste inkomende staatsbezoeken. In de eerste plaats waren in verband met de vele aanslagen op De Gaulles leven extra strenge veiligheidsmaatregelen getroffen en in de tweede plaats bestond er tussen de Franse ijzervreter en prins Bernhard een verkillend gebrek aan sympathie. (NFP)

1964

In 1964 verleende de Universiteit van Groningen koningin Juliana haar zoveelste eredoctoraat. Prins Bernhard en prinses Margriet vergezelden 'mammie' naar de Martini-stad. (BP)

Na het defilé op koninginnedag 1964 namen prins Bernhard, zijn vrouw en zijn dochters Beatrix, Margriet en Marijke plaats in een open auto en maakten een korte rit in de omgeving van het paleis, waar tienduizenden waren samengestroomd om de jarige vorstin een hart onder de riem te steken. Daags tevoren was prinses Irene in Rome getrouwd, zonder dat iemand van haar familie daarbij aanwezig was. (BP)

1964

De verloving en vervolgens het huwelijk van prinses Irene zorgden voor een tijdelijke verwijdering tussen haar, haar ouders en haar zusters. Op 29 juni, prins Bernhards verjaardag, was de kloof alweer gedeeltelijk overbrugd. Irene kwam onverwacht naar Nederland. (NFP)

1964

Het staatsbezoek dat het koninklijk paar met de twee oudste dochters in april 1964 aan Mexico zou brengen, liep tot op zekere hoogte spaak doordat Irene op het laatste moment besloot niet mee te gaan. De ontvangst door de Mexicanen, die niet geheel onkundig waren van de problemen in de koninklijke familie, maakte echter veel goed. Prins Bernhard werd door een indianenstam uitgenodigd een pijpje op te steken: een vredespijpje. (NFP)

28 juli 1965: de kogel is door de kerk, Beatrix en Claus von Amsberg zijn verloofd en poseren na een ongemakkelijk uurtje met de binnen- en buitenlandse pers samen met familieleden achter paleis Soestdijk. Geheel links prinses Simone, vrouw van prins Aschwin; naast haar prinses Armgard. (NFP)

1965

Koningin en prins zetten hun huis wijd open voor Beatrix' aanstaande schoonfamilie. In november 1965 logeerden mevrouw Gosta von Amsberg, de moeder van prins Claus, en Christine von Amsberg, zijn jongste zuster, enige dagen in Paleis Soestdijk. (NFP)

Op 10 maart 1965 maakten koningin en prins de verloving van prinses Margriet met Pieter van Vollenhoven bekend. Graag had het jonge paar ten behoeve van de fotograferende pers een wandeling door het paleispark gemaakt, maar verder dan een paar meter onhandig gehompel kwamen Pieter en Margriet niet: Pieter liep met zijn been in het gips, gebroken bij het skiën. (NFP)

1966

1966

Links: Op 10 maart 1966 was, na een in vorstelijke kringen ongewoon lange verloving, Beatrix dan de bruid. In de roerige maanden, voorafgaand aan de stemming in de Tweede Kamer omtrent de regeringstoestemming voor het huwelijk, moest Beatrix grotendeels zelf haar pad naar het altaar effenen. Ze wist zich echter gesteund door haar ouders. (BP)

Nog steeds zijn de meningen verdeeld – was Juliana bij de huwelijksinzegening in de Amsterdamse Westerkerk verkouden of was ze zó ontroerd dat haar oudste dochter nu toch en na veel strijd het geluk had gevonden? Misschien waren beide het geval; in ieder geval moest de zakdoek eraan te pas komen. (BP)

Koninginnedag 1966: Juliana had alle redenen om te stralen. Beatrix en Claus waren net terug van de huwelijksreis, met Irene en Carlos was alles weer honderd procent goed, Margriet was dolgelukkig met haar Pieter, en Christina oriënteerde zich op haar toekomst. (NFP)

1966-1967

Hier is geen twijfel mogelijk: Margriet had op haar trouwdag haar zakdoek nodig omdat tijdens de kerkelijke huwelijksinzegening de ontroering haar te machtig werd (10 januari 1967). (NFP)

In juli 1967 werd het Betuwse plaatsje Tricht getroffen door een windhoos die vijf doden, tientallen gewonden en onvoorstelbare materiële schade veroorzaakte. Juliana spoedde zich erheen. (NFP)

Ook in juli 1967 installeerde koningin Juliana haar oudste schoonzoon als lid van de Raad van State. Het staatshoofd is steeds voorzitter van dit hoogste adviescollege. (NFP)

1967

Op 2 september 1967 vond in de Haagse Sint-Jacobskerk de doop van Juliana's eerste kleinkind Willem-Alexander plaats. Prins Bernhard was doopgetuige. (BP)

Op 6 september 1968 vierde koningin Juliana haar vierde regeringslustrum en onthulde ze in het Wilhelminapark te Utrecht het door Mari Andriessen gemaakte beeld van haar moeder. De kunstenaar maakte het beeld naar foto's die werden gemaakt toen Wilhelmina na bijna vijf jaar ballingschap op 13 maart 1945 bij Eede in Zeeuws-Vlaanderen Nederlandse bodem betrad. (NFP)

1968

1968

Boven: Beatrix, in verwachting van haar tweede kind, gaf wel acte de présence, maar trok zich later met Alexander terug achter een raam. (NFP)

Links: En regenen, op koninginnedag 1968! De familie was overigens niet compleet; prinses Margriet, pas moeder geworden, ontbrak op het bordes. (NFP)

Voor Juliana en Bernhard kregen de vakanties in Porte Ercole er na de komst van de kleinkinderen een dimensie bij. De aanwezigheid van de peuters was een bron van vreugde voor hen – en dat het met de rust in huis wat minder was dan voorheen, dát namen ze op de koop toe. (NFP)

Prins Friso werd, net als zijn tante prinses Christina destijds, gedoopt in de Utrechtse Domkerk, en wel op 28 december 1968, toen de hele kerk nog in het teken van de kerstviering stond. Koningin Juliana was peet, maar haar aandacht werd aanzienlijk afgeleid door de vrijmoedige capriolen van haar oudste kleinzoon. (BP)

DIT GEBEURDE IN NEDERLAND

1959 Sjah van Perzië brengt staatsbezoek aan Nederland. – Ned.-Noorse kernreactor in Halden voor het eerst met succes gewerkt. – 500 000ste kijkvergunning geregistreerd.

1960 Dijkbreuk Noorder IJpolder. – Huurverhoging van 20%. – 24-uursstaking buschauffeurs. – Sluiting dam tussen Noord- en Zuid-Beveland. – Oliepijpleiding Rotterdam-Roergebied gereed. – Opheffing paspoortencontrole binnen Benelux. – Verbreking Ned.-Indonesische diplomatieke betrekkingen.

1961 Revaluatie van gulden met 4,74%. – Mr. D.U. Stikker secretaris-generaal NAVO. – Afsluiting van het Veerse Gat. – Opening nieuwe pier in Scheveningen. – Ronde-tafelconferentie over herziening Statuut van het Koninkrijk. – 'Vrije Boeren' protesteren tegen maatregelen Landbouwschap. – T.v.-zendtijd voor politieke partijen.

1962 Treinongeluk bij Harmelen eist 92 doden. – Demonstraties tegen Nieuw-Guinea-politiek. – Grevelingendam gereed. – Synode Ned. Herv. Kerk neemt stelling tegen kernwapens. – Sluiting van de mijn 'Beatrix'. – Ned.-Indonesisch akkoord inzake Nieuw-Guinea. – Ned. militairen verlaten Nieuw-Guinea. – De nacht van 'Het Dorp'. – Koningin Wilhelmina overlijdt.

1963 W.A.-verzekering voor gemotoriseerd verkeer verplicht. – Vrije Boeren in Hollandsche Veld rebelleren. – Partij van 'Boer Koekoek' verovert 3 kamerzetels. – Nederland 12 miljoen inwoners. – Aardgasbel in Slochteren omvat ca. 1100 miljard m^3.

1964 Prinses Irene wordt katholiek en trouwt met prins Carlos Hugo van Bourbon-Parma. – The Beatles in Nederland. – Opening Haringvlietbrug. – Ned. beëindigt walvisvaart. – Ned. kredieten voor Indonesië. – Rolling Stones in Nederland. – Aardgasvondst van 10 miljard m^3 in Noord-Holland. – REM-eiland in beslag genomen.

1965 Opening Van Brienenoordbrug. – Regering besluit tot bouw kerncentrale Dodewaard. – Opening Grevelingendam. – Oprichting PROVO. – Verloving prinses Beatrix. – Katholieken mogen voortaan lid van het NVV zijn. – Opening Westerscheldebrug. – Sluiting van kolenmijnen. – Ned. textielindustrie loopt terug.

1966 Huwelijk prinses Beatrix. – TROS krijgt 1 uur t.v.-zendtijd per week. – Onlusten in Amsterdam. – Instelling commissie ter onderzoek problemen in Amsterdam. – NLM opent luchtlijnen binnen Nederland. – Ned.-Indonesisch financieel akkoord. – Oprichting D'66. – Ca. 30% van de Ned. priesters wenst ontkoppeling van ambt en celibaat. – Ambonese jongeren bestormen Indonesische ambassade.

1967 Huwelijk prinses Margriet. – Verdere afbrokkeling textielindustrie. – Vestiging AFCENT (van de NAVO) in Brunssum. – Mariniers zuiveren hal C.S. te Amsterdam. – Geboorte prins Willem-Alexander. – Proefvlucht Fokker F-28 Fellowship. – Verbod levering duikboten aan Z.-Afrika. – Windhoos in Tricht en Chaam. – Gijzeling KLM-employés in Guinee. – Eerste 'bloot' op Ned. t.v. – Dijk rondom Zuidelijk Flevoland voltooid.

1968 Laatste voorstelling 'Gijsbrecht'. – Rotterdamse metro in gebruik gesteld. – Bomaanslagen op Spaanse, Portugese en Griekse ambassades in Den Haag. – Verkoop vliegdekschip 'Karel Doorman' aan Argentinië. – Oprichting Raad van Kerken. – ƒ 75 miljoen overheidsgarantie voor Verolme voor bouw mammoetdok in Botlekgebied. – Jan Janssen wint Tour de France. – Mammoetwet treedt in werking. – Oprichting actiegroep Man-Vrouw-Maatschappij. – Opening IJtunnel en klaverblad Oudenrijn.

1969 Invoering BTW. – Verschijning Deel I van 'Het Kon. der Ned. in de Tweede Wereldoorlog'. – Kerncentrale Dodewaard geopend.

Nederlands beste ambassadrice

Tijdens haar regeringsperiode legde koningin Juliana 28 staatsbezoeken binnen zowel als buiten Europa af. Ze begon ermee in 1950, toen zij en prins Bernhard naar het Frankrijk van de toenmalige president Auriol gingen. Een verplicht onderdeel van dergelijke bezoeken is de kranslegging bij het nationale monument voor de gevallenen uit Eerste en Tweede Wereldoorlog. In Parijs heet dat het 'Graf van de Onbekende Soldaat'. (BP)

In april 1952 waren de Verenigde Staten aan de beurt; de koningin maakte van de gelegenheid gebruik om een weekendje bij te praten met haar oude vriendin Eleanor Roosevelt. (ANP)

In juni 1951 ging het koninklijk paar naar Luxemburg, waar groothertogin Charlotte de scepter zwaaide. Na aankomst op Findel inspecteerden gast en gastvrouw de erewacht. (BP)

Rechts boven: Juliana met de Zweedse koning Gustaaf VI Adolf en Bernhard met koningin Margaretha op weg naar het staatsbanket in het koninklijk paleis te Stockholm op de eerste avond van het staatsbezoek in 1957. Minister van Buitenlandse Zaken Joseph Luns begeleidde prinses Sibylla, weduwe van de in 1947 bij een vliegtuigongeval omgekomen kroonprins Gustaaf Adolf. Juliana is peettante van hun enige zoon, de huidige Zweedse koning. (NFP)

Rechts: Bij het staatsbezoek aan België (30 mei-2 juni 1960) werd de koningin vergezeld door haar oudste dochter, omdat prins Bernhard ziek was. De troonopvolgster werd steeds begeleid door Boudewijns broer Albert, wiens vrouw Paola zes weken eerder het leven had geschonken aan haar eerste kind, Philippe. (NFP)

Linksonder: Geregeld trad Juliana op als gastvrouwe van bevriende staatshoofden die Nederland met een bezoek vereerden. In mei 1961 ontving ze de president van Oostenrijk, Schärf. Een jaar later beantwoordden Juliana en Bernhard het bezoek en namen op dringend verzoek van de president ook de twee oudste dochters mee. Ze verrasten de Oostenrijkers door enkele malen in 'Trachten' te verschijnen. (NFP)

Rechts onder: Ook in 1969 nam het koninklijk paar familie mee toen het op staatsbezoek ging: Beatrix en Claus – en andermaal gebeurde dat op verzoek van de gastheer, keizer Haile Selassie van Ethiopië. In 1974 verloor de Leeuw van Juda na een militaire coup zijn troon en stierf een jaar later in ballingschap. (NFP)

In het najaar van 1963 bezocht het koninklijk paar met de troonopvolgster Iran en Thailand. Met het Iraanse keizerspaar zowel als met het Thaise koningspaar onderhielden de Oranjes vriendschappelijke betrekkingen. De sjah, die zichzelf en zijn vrouw Farah in 1970 met veel pracht en praal had laten kronen, besteeg in 1979 huilend de trap naar het vliegtuig dat hem en zijn gezin in ballingschap voerde. In 1980 overleed hij in Egypte; hij werd 60 jaar. (BP)

In de zomer van 1971 bracht koningin Juliana voor de tweede keer een staatsbezoek aan Luxemburg, waar groothertogin Charlotte in 1964 afstand van de troon had gedaan ten gunste van haar oudste zoon, groothertog Jean. Dit staatsbezoek was reeds tweemaal uitgesteld – eerst in verband met het overlijden van Jeans vader, prins Félix (1970), en vervolgens door de dood van prins Bernhards moeder (april 1971). Toen prins Bernhard vlak voor het vertrek naar Luxemburg griep kreeg, besloot de koningin alleen te gaan. (BP)

'Een droom is werkelijkheid geworden,' bekende Juliana, nadat ze op 26 augustus 1971 voet op Indonesische bodem had gezet. Het grootste deel van de tiendaagse reis trokken koningin en prins samen op; aan het einde van de tocht scheidden zich hun wegen en ging Juliana alleen naar Bali. (BP)

Het bezoek aan West-Duitsland (oktober 1971) werd een ware zegetocht. Het werd afgesloten in Münster, waar in 1648 met 'de vrede van Münster' de 80-jarige oorlog werd beëindigd. (BP)

Ook Frankrijk werd tweemaal bezocht. In juni 1972 werd het koninklijk paar ontvangen door president en mevrouw Pompidou. Evenals in 1950 legden Juliana en Bernhard een krans bij het Graf van de Onbekende Soldaat. (BP)

In september 1972 was Juliana voor het eerst achter het IJzeren Gordijn. Het koninklijk paar was te gast bij president en mevrouw Tito, met wie een buitengewoon hartelijke relatie ontstond. (BP)

Rechts: In Abidjan, hoofdstad van Ivoorkust, zagen koningin en prins op weg van het vliegveld naar het paleis van president Felix Houphouet Boigny steeds hun eigen konterfeitsel (februari 1974). (NFP)

Geheel rechts: In mei 1974 was het koninklijk paar in Tunesië. Er werd onder andere een moskee bezocht en vanzelfsprekend moest de koningin haar schoenen uittrekken.

Rechts: Van Ivoorkust reisde het koninklijk paar door naar Liberia, waar president William Tolbert hun gastheer was. Op 25 februari verleende de universiteit van Monrovia de koningin een eredoctoraat in de sociale wetenschappen. (BP)

Het tweede uitgaande staatsbezoek van Juliana en Bernhard gold Engeland. Dat was in november 1950, toen koning George VI nog regeerde. Van een tegenbezoek is het nooit gekomen, want George stierf in 1952 en werd opgevolgd door zijn oudste dochter, Elizabeth II, die in 1958 met haar man Philip in Nederland was. Dit bezoek werd in 1972 beantwoord. De gasten uit Nederland werden ondergebracht in Windsor Castle, waar de collega-vorstinnen een korte militaire parade afnamen. (BP)

Zoveel had Juliana zich ervan voorgesteld: van het verblijf in een Lappen-kamp tijdens het staatsbezoek aan Finland (1974). Maar het regende pijpestelen; het kampvuur kon niet worden ontstoken en de tent waarin koningin en prins overnachtten, moest met een potkachel op temperatuur worden gehouden. (BP)

In 1975 werd een tweede staatsbezoek achter het IJzeren Gordijn afgelegd: in mei was het koninklijk paar enkele dagen in Roemenië, waar onder andere een Grieks-orthodox klooster in de omgeving van Boekarest werd bezichtigd. Later hadden de Nederlandse gasten een vrolijk onderonsje met een aantal Roemeense schonen. (BP)

In november 1977 was de beurt aan Senegal, aan Afrika's westkust. Tijdens de rit van het vliegveld naar het presidentiële paleis verkondigden tamtams langs de route de komst van de gasten uit Europa. Onderdeel van het programma was de bezichtiging van Mama Nguedj, het geboortedorp van president Senghor. (BP)

1959-1969

President Nyerere van Tanzania, die in 1975 reeds in Nederland was, mocht in juli 1978 koningin en prins in zijn hoofdstad Dar-es-Salaam begroeten. Het koninklijk paar bleef na afloop van het officiële gedeelte nog een paar dagen in dit Oostafrikaanse land om een fotosafari door enkele wildparken te maken. (BP)

Suriname, in 1975 een onafhankelijke natie geworden, was verheugd om in 1978 de gewezen koningin te kunnen inhalen. Vergeleken bij vroegere bezoeken bleek er niet zo veel te zijn veranderd. De bevolking liep nog steeds te hoop om Juliana te zien en de meeste Surinamers beschouwden haar als hun 'moeder' en Beatrix als hun 'zuster'. (BP)

1969-1979

Met het begrip 'onderdaan' is zij minder vertrouwd dan met haar 'medemens'

Prof. Dr. J.L. Mastboom

Zestig werd ze – een mijlpaal bereikt! Volgens eigen zeggen vierde ze die 'dertigste aprilletjes het liefste stilletjes', vond het aan de andere kant ook wel fijn eens letterlijk in de bloemetjes te worden gezet en te merken dat Nederland van haar hield en haar waardeerde. Zo stond ze op 30 april 1969 dus weer op het bordes, waar het al knap vol werd: het koninklijk paar, de vier dochters, drie schoon- en drie kleinzoons. Met schoonzoon Pieter, 'half zo oud als ik', organiseerde ze voor de eerstvolgende zaterdag een autorally in de omgeving van Het Loo. De uitnodigingen waren op rijm gesteld en hielden enige zachte dwang in:

Want met uw hulp – warempel –
Zweef ik dan licht over die drempel
Waarachter ik 't begin dan zien zal
Van het boeiend, nieuwe jarentiental...

Boeiend ongetwijfeld. Enerverend eveneens, privé én in het werk.
In de privé-sfeer waren er andermaal zorgen om prinses Irene, die in 1969, enkele maanden ná haar man, door Franco persona non grata werd verklaard maar herhaaldelijk illegaal de Frans-Spaanse grens overschreed, daarmee het risico van een arrestatie lopend. In Soestdijk moeten ze de krantekoppen al hebben gezien: 'Dochter van Nederlandse vorstin in Spaanse cel'. Na de zorgen vreugde om prinses Irene: in de zomer van 1969 kon ze haar moeder vertellen eindelijk het kind te verwachten waarnaar ze zozeer verlangde. Ze wilde het in Nederland ter wereld brengen, nam lang voor de geboorte haar intrek in haar ouderlijk huis en beviel op 27 januari 1970 in het Nijmeegse Radboudziekenhuis van een zoon. Veertien dagen later werd Carlos jr. in het familieslot van de Bourbon-Parma's te Lignières gedoopt. Meter was koningin Juliana, peter prins Xavier en de vrede tussen beide families scheen te zijn getekend. Zodra echter duidelijk werd dat de doop door Carlisten werd aangegrepen als politieke demonstratie, namen koningin Juliana, prinses Beatrix en de prinsen Bernhard en Claus afscheid.

Wie de verhoudingen binnen de koninklijke familie zo'n beetje kende, verwonderde zich erover dat Irenes grootmoeder Armgard bij de plechtigheid ontbrak. De oude dame voelde zich niet goed. In de nazomer ging haar gezondheid hard achteruit, in de herfst werd zij bedlegerig, leed veel pijn en kon zich slecht in haar toestand schikken. Verlangend keek zij uit naar de bezoekjes van haar zoons, schoondochters en kleinkinderen. Deze stelden haar niet teleur; in de winter van 1970-'71 werd in Diepenheim dagelijks wel een auto met een AA-nummer gezien. Op de 27ste april blies prinses Armgard de laatste adem uit; zoons en schoondochters stonden aan haar sterfbed.

Het bloemendefilé werd in verband met de familie-omstandigheden afgelast; juist op de 30ste april werd de uitvaartdienst gehouden en Armgards stoffelijk overschot overgebracht naar Detmold, hoofdstad van het voormalige vorstendom Lippe. Prins Bernhard deed Huize Warmelo, dat hij voor zijn moeder had gekocht, van de hand.

Het moet voor koningin Juliana buitengewoon pijnlijk zijn geweest dat twee van haar gasten, door haar persoonlijk ontvangen, niet bij alle Nederlanders even welkom waren. In september

1970 bracht de Indonesische president Soeharto een staatsbezoek aan ons land, het eerste staatsbezoek van een Indonesisch staatshoofd aan het oude moederland. In de wederzijdse betrekkingen telt een dergelijk bezoek zwaar. Zuidmolukkers lieten echter op ondubbelzinnige wijze merken dat Soeharto beter kon wegblijven, gezien het Indonesische beleid met betrekking tot de Zuid-Molukken. Ze kregen steun van degenen die zich niet konden verenigen met de afhandeling van de kwestie Nieuw-Guinea en van weer anderen die de Indonesische regering betichtten van corruptie en schending van de mensenrechten. Daags voor Soeharto's aankomst bezetten Ambonese jongeren in Wassenaar de ambtswoning van de Indonesische ambassadeur, waarbij een Nederlandse politieman het leven verloor. Er werd gedemonstreerd, er dreigde geweld en reeds na het staatsbanket kwamen gast en gastvrouw overeen het bezoek met twee dagen te bekorten: dat was beter voor de algemene rust. Ruim een jaar later herhaalde zich de geschiedenis; de Japanse keizer gaf de wens te kennen op zijn reis door Europa ook Nederland aan te doen. Uitdrukkelijk werd verklaard dat zijn bezoek 'niet het karakter van een staatsbezoek zou dragen'; hij zou echter wél door het koninklijk paar worden ontvangen. Nederlanders die tijdens de Tweede Wereldoorlog in Japanse krijgsgevangen- en interneringskampen hadden gezeten waar uit naam van de almachtige keizer de ergste wreedheden waren begaan, keerden zich tegen Hirohito's komst. Onder hen bevond zich de cabaretier Wim Kan, die als dwangarbeider aan de Birma-spoorweg had gewerkt. Terwijl de Japanse keizer door Nederland reed, zag hij hier en daar vlaggen halfstok hangen; in Rijswijk werd een steen door de ruit van zijn auto gekeild. Voor koningin Juliana waren beide voorvallen des te pijnlijker omdat haar oudste dochter in 1963 door Hirohito was ontvangen en prins Bernhard in 1970 door Soeharto in Indonesië zo hartelijk welkom was geheten. Tijdens dat bezoek nodigde Soeharto uit naam van zijn regering het koninklijk paar uit voor een staatsbe-

Voor de doop van Irenes oudste zoon Carlos begaf Juliana zich met een aantal familieleden naar Lignières in Frankrijk; ze was namelijk peet. Zodra de plechtigheid op een Carlistische manifestatie ging lijken, namen de Oranjes afscheid. (NFP)

zoek aan de voormalige kolonie. Ondanks de door Soeharto in ons land ondervonden problemen ging dat staatsbezoek gewoon door.

Koningin Juliana verheugde zich erop; al sedert haar jeugd had ze er herhaaldelijk bij haar moeder op aangedrongen haar toch eens naar 'de Oost' te laten gaan, zo niet voor een officieel dan wel voor een privé-bezoek. Dit kon gemakkelijk; haar schoolvriendin Miek de Jonge, van wie de vader gouverneur-generaal was, nodigde de troonopvolgster keer op keer uit voor een logeerpartij. Koningin Wilhelmina en haar ministers voerden echter allerlei argumenten aan die een dergelijke reis uitsloten. Toen zij inzagen dat het voor de betrekkingen tussen moederland en kolonie gunstig kon zijn wanneer zich weer eens een Oranje in de Gordel van Smaragd vertoonde, was het te laat. Prinses Juliana was in verwachting en kort daarna brak de Tweede Wereldoorlog uit.
Op 26 augustus 1971 zette het koninklijk paar in Djakarta voet op Indonesische bodem; in haar tafelrede aan het staatsbanket zei de koningin onder meer: 'Nu gaat voor mij de droom, die werkelijkheid is geworden, beginnen. Ook ik

1969-1979

Het bezoek van de Indonesische president Soeharto en diens vrouw aan Den Haag werd in verband met Zuidmolukse demonstraties tot één dag bekort. De verstandhouding tussen de Indonesische gasten en de koninklijke familie leed er niet onder. (NFP)

zal uw land zien en uw volk, waarover ik zoveel heb gehoord, en nooit anders dan met bewondering en liefde, ook tijdens het conflict, dat wij in politieke zin hebben moeten doormaken.'
De ontvangst was veel en veel uitbundiger dan Juliana ooit had kunnen verwachten; bij de intocht in Bogor (vroeger: Buitenzorg) waren zoveel belangstellenden op de been dat de stoet auto's er amper door kon komen. Waar koningin en prins verschenen, stonden de mensen klaar om hun bloemslingers om te hangen, boeketten, verse klappermelk, geschenken aan te bieden. Schoolkinderen, en ook de studenten met wie de koningin discussies voerde, noemden Juliana oma. Danseressen trokken haar mee in hun kring; dorpsoudsten ontvingen haar of zij hún vorstin was. Op Bali nam ze enkele dagen 'vakantie', maakte tochten over het eiland, stapte uit in desa's en slenterde over passars. 'Als wij terugdenken aan ons verblijf hier,' vertelde ze bij het afscheid, 'dan zien wij mensen, ongelooflijk veel mensen met hartelijke en vriendelijke gezichten. Dit staatsbezoek had voor mij een bijzondere waarde.'
Dat bleek wel bij haar terugkeer in Nederland; in haar hand droeg ze het boeket orchideeën dat haar op het vliegveld van Djakarta als laatste groet was aangereikt en dat dank zij de goede zorgen van KLM-stewardessen de lange reis had doorstaan. Deze bloemen gingen in ieder geval níet naar een ziekenhuis in de omgeving van het paleis, ze werden in de bibliotheek gezet.
In hetzelfde jaar legden koningin en prins nóg een bijzonder staatsbezoek af. In de herfst reisden ze naar West-Duitsland. Na de ontvangst in Bonn begaven ze zich naar de Dillenburg, legden een krans bij het monument in het voormalige concentratiekamp Neuengamme, reisden door naar Hamburg en vandaar per trein naar Düsseldorf. De Bundesbahn liet er geen twijfel over bestaan wie gebruik maakte van de mooi opgepoetste wagons. 'Sonderfahrt I.M. der Königin der Niederlande' stond op de lichtborden in het station van de Elbestad.
In 1972 andermaal een gedenkwaardig staatsbezoek: aan het Joegoslavië van maarschalk Tito. Wat Juliana werkelijk dacht van hetgeen ze daar achter het ijzeren gordijn zag en hoorde is nooit bekend geworden, duidelijk was alleen dat het tussen haar en de gewezen partizaan 'klikte'. Koningin en prins, Tito en zijn Jovanka brachten een genoeglijke dag door in het presidentiële buitenverblijf.

Zodra koningin Juliana terug in Nederland was, zocht zij prinses Irene op. De prinses was weer in verwachting, de zwangerschap verliep echter niet geheel en al naar wens, zodat ziekenhuisopname noodzakelijk was. Terwijl zij in het Radboudziekenhuis verbleef, liet haar moeder bij wijze van verrassing in Paleis Soestdijk een flatje voor haar in orde maken zodat ze – ze woonde in die tijd in Parijs – voortaan net zo lang in Nederland kon logeren als ze wilde, met behoud van privacy voor haar gezin. Na de geboorte van de tweeling zei prins Carlos: 'We hebben nu negen maanden in Soestdijk gewoond en het was beslist een van de beste perioden van ons huwelijksleven. Mijn schoonmoeder houdt ervan gezellig met kinderen en kleinkinderen samen te zijn.'
Vaak was het 's zondags in Soestdijk familiereünie. Van Drakensteyn kwam prinses Beatrix met man en zoons, bij voorkeur op de fiets. Uit Apeldoorn kwam het gezin van prinses Margriet, dat

van prinses Irene wás er al, en rond koninginnedag en kerst was ook prinses Christina thuis. Eind 1972, begin 1973 was hét onderwerp van gesprek het komende zilveren regeringsjubileum. Wat Juliana betrof, hoefde daaraan geen aandacht te worden besteed. 'Waar is dat nou voor nodig? Want de volgende dag ga je weer gewoon aan je werk, gaat alles zijn gewone gang. Ja, natuurlijk, het is de gewoonte om het te doen en andere mensen bejubel ik ook, dús...'

Dus schikte ze zich in haar lot van feestvarken – zó noemde ze zichzelf dan – en werkte ze mee aan de door (wijlen) Jan van Hillo gemaakte filmdocumentaire. Overige sterren in de rolprent: prins Bernhard, de dochters, de schoonzoons. Juliana gaf in de gesprekken met Van Hillo meer prijs van haar gevoelens dan misschien de bedoeling was geweest, gaf met name uiting aan haar ergernis omtrent de over haar gepubliceerde verhalen in de buitenlandse pers. 'Ik ben een afschuwelijk conventioneel, conservatief mens, een afschuwelijke tante, die alles verkeerd vindt wat haar kinderen doen en overal tegen is. Ontzettend rijk en, och het is afschuwelijk!'

De jubileumfeesten namen vele dagen in beslag en werden ingeluid met een bezoek van Nederlandse hoofdredacteuren aan Soestdijk; vervolgens nam Juliana bij Huis ten Bosch een defilé van vertegenwoordigers van de diverse krijgsmachtonderdelen af. Op 4 september was de koninklijke familie in de RAI, waar de jubilaresse een uitgebreid programma werd aangeboden en de jubileumfilm in première ging. Aan het slot werden honderden ballonnen opgelaten, elk voorzien van een kaartje met de naam van een plaats in Nederland erop. Het door de koningin gekozen ballonnetje bepaalde waar zij met man en kinderen de gewone jubileumfeesten zou bijwonen. Dat bleek dan Tilburg te zijn; het was er zó bloedheet, dat prins Bernhard en de schoonzoons er hun colberts bij uittrokken.

De 6de september 1973 was even vermoeiend als die van een kwart eeuw eerder. Juliana en haar familie woonden bijeenkomsten bij met achtereenvolgens gemeenteraadsleden uit alle delen van het land, met leden van de Provinciale Staten en met de voltallige Staten-Generaal. Het vierde programmapunt behelsde een koffietafel op het Binnenhof, het vijfde een rijtoer door de Hofstad. Koningin en prins hadden zeven van hun kleinkinderen bij zich in het rijtuig. 'Ik zag ertegen op, het middelpunt te zijn van zo'n persoonlijke huldiging, van een nationaal feest,' bekende Juliana in haar voor de radio en t.v. uitgesproken dankwoord. 'Maar wat een feest is het geworden, ook voor mij!'

Kort daarop sprak ze haar zesentwintigste troonrede uit. Ze heeft het altijd al een onmogelijk stuk gevonden om voor te lezen, maar deze keer kostte het haar nog meer moeite. De regering-Den Uyl had bepaald dat de gebruikelijke bede aan het slot voortaan achterwege moest blijven. Juliana vond dat érg, maar kon zich als constitutioneel vorstin niet tegen de wens van haar ministers verzetten.

Vijfenzestig werd ze, en wéér was ze het middelpunt van een groot feest, dat zich hoofdzakelijk in en om Soestdijk afspeelde. Voor het defilé hadden zich opvallend veel gegadigden gemeld, veel meer dan in verband met de beschikbare tijd

In september 1973 vierde Juliana haar zilveren regeringsjubileum; op de 4de werd haar en haar familie een door Mies Bouwman gepresenteerd amusementsprogramma aangeboden. Tevens ging de televisiedocumentaire in première. (BP)

1969-1979

en ruimte konden worden toegelaten. De reden: al enige tijd deden geruchten de ronde dat Juliana er de komende september mee zou ophouden. Ze drukte op haar verjaardag die veronderstellingen voorgoed de kop in: 'Ik ben dankbaar, dat ik nog niet met werken hoef op te houden, nu ik vijfenzestig ben geworden…'

Aan prinsjesdag 1974 kwam totaal geen uiterlijk vertoon te pas. In de dicht bij de Ridderzaal gelegen Franse ambassade hielden leden van het Japanse Rode Leger vijf Fransen en zes Nederlanders gegijzeld. Politie en ME maakten overuren, de spanning was om te snijden. Onverantwoord, vonden vorstin en regering, om ook nog de drukte, gepaard gaande met het uitrijden van de gouden koets, aan te halen.

Dat in Nederland het gewapende geweld dergelijke vormen begon aan te nemen, vond Juliana eveneens erg. Op dat moment kwam het vast nog niet bij haar op dat ook zij daarvan weleens het mikpunt zou kunnen worden. In de loop van 1975 echter werd een Zuidmoluks komplot ontdekt om Juliana te gijzelen. Er waren zeventien personen bij betrokken. En in september kwam bij de Groningse politie een telefoontje binnen dat een aanslag op Juliana's leven zou worden gepleegd. Op de 9de zou de koningin een bezoek aan de stad Groningen en Haren brengen, en hoewel ze de mogelijkheid had de afspraak af te zeggen, besloot ze zich niet door dreigementen van haar voornemen te laten afbrengen. Omringd door een kordon van agenten en in een auto waarvan de AA-nummerplaat was verwijderd, reed Juliana de gevarenzone binnen. Er gebeurde niets.

En toen doken opnieuw geruchten op – nu echter in verband met prins Bernhard. De prins, inspecteur-generaal der Krijgsmacht en als zodanig invloed uitoefenend op de aanschaf van oorlogsmaterieel, zou van de Amerikaanse Lockheed-fabrieken smeergeld hebben aangenomen. De prins ontkende een en ander, maar de geruchten hielden aan, zodat er geen andere uitweg leek dan een gedegen onderzoek naar de werkelijke

In juni 1975 trouwde prinses Christina met Jorge Guillermo. Wie binnen gehoorsafstand van Juliana opmerkte dat het in wezen een onmogelijke verbintenis was, kon rekenen op een pittig commentaar. (BP)

gang van zaken. Oud-president van De Nederlandse Bank Holtrop, voorzitter van de Algemene Rekenkamer Peschar en president van het Europese Hof van Justitie Donner werden met de opdracht belast en functioneerden onder de naam 'Commissie Donner'. Koningin en prins werkten normaal hun programma af, al verzette de prins enkele buitenlandse reizen om voortdurend ter beschikking te zijn. Op vrijdagavond 13 februari vond in het Amsterdamse Hilton Hotel de jaarlijkse gala-avond ten bate van het WWF plaats. Tot op het laatste moment verkeerden de organisatoren in onzekerheid: zou de prins wel of zou de prins niet komen? Hij kwam wel – en werd vergezeld door zijn vrouw, hetgeen aanvankelijk niet de bedoeling was geweest. Hoezeer Juliana zich de affaire aantrok, bleek uit haar dankwoord op 30 april: 'Ik dank u voor alle hartelijkheid. Het was hartverwarmend. Het geeft je weer moed om verder te gaan, nietwaar?' In juli ging het koninklijk paar naar Porte Ercole; veel rust werd hun echter niet gegund. Verscheidene keren zagen ze zich gedwongen om naar Nederland te vliegen voor besprekingen met de Commissie Donner, met ministers. Er werd bepaald dat de commissie op 26 augustus opening van zaken zou geven. Vlak voordat de minister-president deze in de vergaderzaal van de Tweede Kamer verwoordde, keerden koningin en prins terug in Soestdijk, allebei nog in opgewekte stemming. Binnen enkele minuten viel de grote klap: de prins, 'in de overtuiging dat zijn positie onaantastbaar en zijn oordeel niet te beïnvloeden was, heeft zich veel te lichtvaardig begeven in transacties, welke de indruk moesten wekken dat hij gevoelig was voor gunsten, en voorts heeft hij zich toegankelijk getoond voor onoorbare verlangens en aanbiedingen'. De regering eiste dat de prins zijn militaire functies neerlegde en zijn bemoeienissen met het bedrijfsleven staakte. Dit laatste kon hij persoonlijk regelen. Zijn Inspecteur-Generaalschap kon alleen worden beëindigd indien zijn vrouw bereid was het desbetreffende Koninklijk Besluit te tekenen. Er zat voor Juliana niets anders op; met ingang van 8 september 1976 onthief ze haar man 'eervol uit al zijn militaire functies'. Precies veertig jaar eerder had ze zich met prins Bernhard verloofd, was hij voorgoed naar Nederland gekomen.

Het kwam voor de gehele koninklijke familie hard aan, al werd er buiten Soestdijk, Drakensteyn en bungalow Het Loo met geen woord over gerept. Juliana voelde er echter niets voor om het veertigjarig huwelijk grootscheeps te vieren, zoals vijftien jaar eerder de zilveren bruiloft. Toen ze bij haar aankomst in Lech werd opgewacht door een horde journalisten, fotografen en belangstellenden riep ze dat ze rust wilde, dat ze strikt privé drie dagen in Oostenrijk was. Niettemin werden in Hotel Post aan de lopende band bloemen, gelukwensen en andere blijken van medeleven bezorgd en brachten de Lechse skileraren het bruidspaar een originele hulde: met brandende fakkels vormden ze 's avonds op de tegenover het hotel gelegen berghelling twee in elkaar gevlochten trouwringen en het getal veertig.

Terug in Nederland konden koningin en prins er niet onderuit; via radio en t.v. dankten zij voor alle gelukwensen. 'Wij hebben deze dag niet willen vieren, onze wens was die dag rustig en gezellig onder elkaar te zijn. In het bijzonder hebben wij er in brede kring op aangedrongen, vooral geen ophef van deze dag te maken, wij zijn erkentelijk dat ons verlangen in dit opzicht in het algemeen zo gerespecteerd werd,' zei de koningin. En de prins beloofde, mede uit naam van zijn vrouw: 'Als het ons gegeven moge zijn om onze gouden bruiloft in goede welstand te beleven, dan willen wij die echt samen met u vieren.' Gezien de Lockheed-affaire is het begrijpelijk dat andermaal abdicatiegeruchten circuleerden. Er werd tevens gefluisterd dat prinses Beatrix had geweigerd om onder de gegeven omstandigheden plaats te nemen op de troon.

Juliana's ooit uitgesproken verklaring beslist niet tot haar dood toe te willen aanblijven, bleef echter bij velen hangen. In 1978 werd er serieus rekening mee gehouden dat ze op de dag van haar dertigjarig regeringsjubileum haar komende abdicatie bekend zou maken en toen dat níet het geval bleek, 'moest' het op haar zeventigste verjaardag gebeuren...

Voor een werkbezoek aan Groningen (9 september 1975) werd de politie gewaarschuwd dat een aanslag op Juliana zou worden gepleegd. De koningin kwam tóch, zij het in een auto waarvan het AA-nummerbord was verwijderd. (BP)

1969

Op 17 september 1944 ging operatie 'Market-Garden', bij Arnhem van start. Ten gevolge van de Duitse overmacht mislukte de opzet om geheel Nederland in één keer te bevrijden. De stoffelijke overschotten van de tijdens de strijd gesneuvelde geallieerde militairen werden na mei 1945 herbegraven in Oosterbeek, op de 'Airborne Begraafplaats', waar koningin Juliana en prins Bernhard op 17 september 1969 een herdenkingsplechtigheid bijwoonden. (ANP)

Zestig werd ze; te midden van haar man, haar vier dochters, drie schoonzoons en drie kleinzoons nam ze het jaarlijkse bloemendefilé af; tot slot van de officiële viering van de verjaardag bij Paleis Soestdijk maakte de gehele familie een korte rijtoer over de Amsterdamse Straatweg. (NFP)

1969

Bij het tweedaagse bezoek aan de kop van Noord-Holland (juni 1969) werd ook het eiland Texel aangedaan. De koningin maakte onder andere een duinwandeling en woonde in het Maartenhuis voor gehandicapte kinderen een bewegingsles bij. (NFP)

Links: Zestig jaar en nog steeds dol op spelletjes: op de kermis, georganiseerd door de jonge inwoners van het Gereformeerde Weeshuis te Amsterdam, kon Juliana het niet laten, ze móest gewoon even meedoen aan het ballengooien. (NFP)

In het najaar van 1968 vertrok prinses Christina voor onbepaalde tijd naar Montreal in Canada om haar muziekstudie te beginnen. Geregeld kreeg ze haar moeder op bezoek; ze gingen dan samen ergens eten, ze winkelden en voerden urenlange gesprekken. (NFP)

1970

In februari 1970 vond in Lignières, Frankrijk, de doop plaats van Irenes oudste zoon Carlos. Grootmoeder koningin Juliana en grootvader prins Xavier van Bourbon-Parma waren meter en peter. (NFP)

Bij de dubbele doop van prins Constantijn en zijn neefje prins Bernhard jr. op 21 februari 1970 in de Domkerk te Utrecht probeerde koningin Juliana Willem Alexander bij de doopvont weg te krijgen. (NFP)

Op 30 april 1969 stonden er drie kleinzoons op het bordes, een jaar later waren het er zes, want Irene had inmiddels haar eerste kind gekregen en Beatrix en Margriet ieder een tweede zoon. (NFP)

1971

Nooit heeft koningin Juliana zo van een staatsbezoek genoten als van dat aan Indonesië, in de nazomer van 1971. Al lang voor de oorlog droomde ze ervan naar de gordel van smaragd te gaan; de toenmalige regering en haar moeder waren er echter niet vóór: heen- en terugreis, die per boot gemaakt moesten worden, namen te veel tijd in beslag. (BP)

1971

Op 28 februari 1971 beleefde de Oostenrijkse wintersportplaats Lech een Nederlandse invasie; per trein arriveerden daar koningin Juliana, het kroonprinselijk paar met drie kinderen, de Van Vollenhovens en de Van Bourbon-Parma's ieder met één kind, plus kinderverzorgsters en honden. Prins Bernhard sr. arriveerde enkele dagen later; prins Bernhard jr. kwam helemaal niet: hij had griep en moest thuis, in Apeldoorn, blijven. (BP)

Op 27 april 1971 overleed Juliana's schoonmoeder, prinses Armgard, met wie zij altijd een goed contact had gehad. Prins Bernhard zag of sprak zijn moeder vrijwel dagelijks. Een van hun laatste gezamenlijke uitstapjes gold een ruiterwedstrijd. Koninginnedag werd dit jaar niet gevierd met het traditionele bloemendéfilé, daar het stoffelijk overschot van prinses Armgard juist op de 30ste april naar Detmold werd overgebracht.

Ondanks protesten van oud-Indië-gasten, die tijdens de oorlog in Japanse (krijgs)gevangenkampen hadden gezeten, ontving koningin Juliana in oktober 1971 het Japanse keizerspaar thuis, in Paleis Soestdijk, hetgeen het bezoek een privé-karakter verleende. Prinses Beatrix deed de keizer uitgeleide. (NFP)

De tafelrede tijdens het staatsbanket op de avond van de eerste dag van het bezoek aan Indonesië werd door Juliana in het Nederlands uitgesproken. De meeste aanwezigen konden haar woorden uitstekend volgen en ook tijdens de reis door Java en naar Bali bleek telkens weer dat de taal van de voormalige koloniale heersers in de nog zo jonge Republiek Indonesia nog wel degelijk 'leeft'. (BP)

1972

Prins Carlos en prinses Irene logeerden vaak en langdurig in Nederland, bij 'pappie en mammie'. In 1972 waren zij zowat het hele jaar in Soestdijk, in verband met Irenes zwangerschap, die niet geheel naar wens verliep. Prins Carlos sr. zou de bij zijn schoonouders doorgebrachte maanden later 'een van de beste perioden van ons huwelijk' noemen. (BP)

Zoals koningin Juliana zich altijd met hart en ziel heeft ingezet voor haar geestelijk dan wel lichamelijk gehandicapte medemensen, zo zou het Wereld Natuur Fonds kunnen worden aangeduid als de grote passie van haar man. Prins Bernhard heeft eens gezegd alles te willen doen en alles over te hebben voor het WWF. Van zijn familie verwachtte hij steeds een zelfde mate van enthousiasme en als het even kon, troonde hij vrouw, dochters en schoonzoons mee naar gala-avonden en veilingen ten bate van 'zijn' fonds (1972). (BP)

1972

Koningin Juliana en haar collega, koningin Elizabeth II van Groot-Brittannië, tijdens het staatsbezoek van het Nederlandse koninklijke paar aan Londen in 1972. De foto werd gemaakt op de laatste dag van het bezoek, toen de gasten van overzee de Britse koninklijke familie en een aantal andere genodigden – onder wie Lady Clementine, weduwe van Sir Winston Churchill – een diner aanboden.

1973

Op 6 september 1973 vierde koningin Juliana haar zilveren regeringsjubileum. Ze had er nogal tegen opgezien zo in het middelpunt van de belangstelling te zullen staan en het was haar een lief ding waard geweest als men de dag ongemerkt voorbij had kunnen laten gaan. Toen ze er echter in had toegestemd zich te laten fêteren, vond ze het toch wel leuk. De festiviteiten droegen overigens een bescheiden, zelfs huiselijk karakter en omvatten onder meer een rijtoer door Den Haag. Koningin en prins hadden zeven kleinzoons bij zich in het rijtuig. (ANP)

Op 3 september 1973 defileerden 700 vertegenwoordigers van de krijgsmacht voor de jubilerende vorstin. De voorgenomen grote militaire parade mocht op last van de toenmalige minister van Defensie, Vredeling, niet doorgaan. (BP)

Het Nationaal Comité Zilveren Regeringsjubileum overhandigde Juliana in Paleis Huis ten Bosch een cheque voor ruim zeven miljoen gulden, die de koningin beschikbaar stelde voor de minder bedeelde jeugd. Als persoonlijk geschenk kreeg ze een envelop met inhoud, bestemd voor de bouw van een binnenbad in Paleis Soestdijk. Haar hondje Zara vond het maar niets, al die drukte (10 december 1973). (NFP)

1974

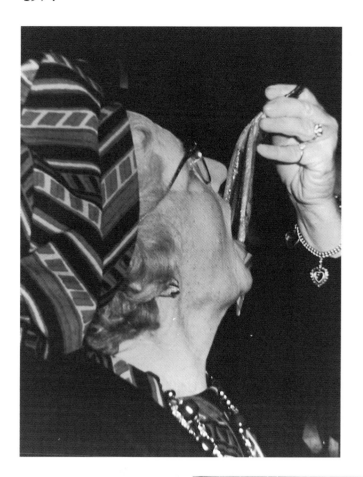

Ook voor Juliana wittebrood en een harinkje, toen ze op 3 oktober 1974 met prins Bernhard en prinses Beatrix de 400ste verjaardag van Leidens ontzet meevierde. Later op de dag zaten moeder en dochter op het Rapenburg aan lange tafels, waar alle genodigden een bord met hutspot voorgezet kregen. Prins Bernhard maakte dit feestmaal niet mee; hij had een reis naar Polen op zijn programma staan en moest op tijd vertrekken. (BP)

Rechts: In de stromende regen, dik aangekleed en gewapend met grote paraplu's, maakte het koninklijk paar tijdens het staatsbezoek aan Finland een uitstapje naar het uiterste noorden om te kijken hoe het in een Lappen-kamp toegaat. Juliana had dubbel pech – niet alleen de zon liet verstek gaan, maar ook haar fototoestel weigerde dienst. Gelukkig was de camera van de prins in orde; hij filmde onder andere een kudde rendieren. (BP)

Op 23 juni 1974 bracht prinses Irene haar vierde en laatste kind ter wereld, prinses Maria Carolina. De bevalling vond plaats in Nijmegen, de doop weer in Lignières, en andermaal ondernam een aantal Oranjes de reis naar het zuiden. Prins Claus en prinses Christina waren peten; Juliana's jongste dochter luisterde de plechtigheid op door enkele liederen te zingen. (BP)

1974

1975

Bij het werkbezoek aan Amsterdam (21 februari 1975) ging het nog gemoedelijk toe. Betrekkelijk weinig recherche en politie op de been en Juliana in de Dapperbuurt omstuwd door bewoners die van de gelegenheid gebruik maakten om de aandacht te vestigen op de snel stijgende huren. (NFP)

Op Valentijnsdag 1975 maakten koningin en prins de verloving bekend van hun jongste dochter, prinses Christina. De jongelui, die elkaar al geruime tijd kenden, waren daags tevoren samen met prins Bernhard in het regeringsvliegtuig uit New York op Soesterberg aangekomen en hadden onopgemerkt door de pers het paleis weten te bereiken. De prinses liet weten geen regerings-toestemming voor haar huwelijk te zullen vragen. (BP)

Na de ondertekening van de akte waarin Nederland afstand deed van Suriname, hield koningin Juliana een korte toespraak, die zij besloot met de woorden 'God zij met u, Suriname' (Huis ten Bosch, 25 november 1975). Tegelijkertijd werd in tegenwoordigheid van prinses Beatrix en prins Claus in het stadion te Paramaribo de Nederlandse vlag gestreken en de Surinaamse vlag gehesen en klonk voor het eerst het Surinaamse volkslied. Binnen tien jaar gingen alle idealen van de jonge republiek in rook op. (NFP)

1976

Op 4 december 1975 bezetten Zuidmolukkers het Indonesische consulaat te Amsterdam; pas op 19 december gaven ze zich over. Op 6 februari 1976 werden de Indonesische gegijzelden door koningin Juliana ontvangen. Twee weken eerder waren de inzittenden van de bij Wijster gekaapte trein bij de koningin op de thee. (NFP)

In verband met de geruchten over prins Bernhard en zijn betrekkingen met de vliegtuigfabriek Lockheed was de belangstelling voor het bloemendefilé van 30 april 1976 overweldigend; iedereen scheen de koninklijke familie moed en sterkte te willen toewensen, hetgeen Juliana ertoe bracht haar dankwoord te besluiten met de vaak geciteerde retorische vraag: 'Het geeft je weer moed om verder te gaan, nietwaar?' (BP)

1976

De zomervakantie van 1976 in Porte Ercole bracht Juliana, mede door de aanwezigheid van het gezin van prinses Irene, wel de nodige afleiding maar niet de zo noodzakelijke rust. Een paar keer moesten zij en haar man naar Nederland in verband met de werkzaamheden van de Commissie Donner. (BP)

Hoe Juliana over 'Lockheed' en alles wat eraan vastzat mag hebben gedacht en geoordeeld, ze is haar man door dik en dun blijven steunen; zo vergezelde zij hem naar een galaconcert van Ramses Shaffy en Liesbeth List. (NFP)

1977

Vóór Surinames onafhankelijkheid was J.H.E. Ferrier gouverneur van 'het Rijksdeel Overzee' en werd vervolgens de eerste president van de onafhankelijke natie. In juni 1977 bracht hij een staatsbezoek aan Nederland; koningin Juliana overhandigde hem de oorspronkelijke onafhankelijkheidsoorkonde en ontving, als eerste buitenlands staatshoofd, het grootkruis in de Orde van de Gele Ster van Suriname. (NFP)

1977

Telefonisch gaf koningin Juliana op 15 november 1977 in Dordrecht opdracht om de Drechttunnel voor het verkeer open te stellen. (BP)

Een paar dagen voor de kerst hadden koningin en prins, hun kinderen en de wat oudere kleinkinderen met recht de handen vol. Tijdens de traditionele kerstviering met het voltallige personeel voorzagen ze alle genodigden van warme chocolademelk en gebak en reikten ten slotte kerstbroden en Pro-Juventutekalenders uit. In 1977 vond de kerstviering plaats in de marechausseekazerne tegenover Paleis Soestdijk. (NFP)

1978

In 1978 gaf aprilletje zoet inderdaad een flinke witte hoed. Juliana, die op de 11de in Oegstgeest de nieuwbouw van het psychiatrisch centrum voor kinderen, 'Curium', opende, had duidelijk plezier in die late winterverrassing. (NFP)

In juni 1978 was Juliana enkele uren in Gouda, waar net de weekmarkt werd gehouden. Na de officiële rondwandeling door de stad besloot ze een kijkje bij de kramen te gaan nemen. De marktkooplui werden bijna onder de voet gelopen. (NFP)

1978

Tijdens het staatsbezoek aan Suriname, in februari 1978, werd voor het eerst duidelijk dat de koningin toch een dagje ouder werd. Enkele programma-onderdelen werden ingekort, andere afgelast. Desondanks maakten de gasten uit het vroegere moederland lange dagen, daar in die vochtige tropenhitte. Op de vijfde dag van het bezoek was het koninklijk paar in het Indianen-dorp Kwamala Samoetoe, vlak bij de grens met Brazilië. (BP)

Toen de kleinkinderen naar school gingen, konden de wintersportvakanties niet langer buiten de kerstvakantie worden gehouden. De dochters en hun gezinnen maakten er dus een gewoonte van om rond de kerstdagen naar Oostenrijk af te reizen. Omdat het koninklijk paar deze gezellige familiereünies niet wilde missen, vloog het dan maar voor een lang weekend naar Lech (1978). (BP)

1969-1979

DIT GEBEURDE IN NEDERLAND

1969 Bezetting Maagdenhuis van de Un. van Amsterdam. – Oproer op Curaçao. – Regeringssteun aan Verolme-concern. – Nobelprijs economie voor prof. Dr. Jan Tinbergen. – Actie Tomaat. – Staatsbezoek Westduitse president Heinemann.

1970 Ned. première van musical 'Hair'. – Bezetting r.-k. Ped. Ac. in Beverwijk. – Ned.-Russische Luchtvaartovereenkomst. – Eerste (P.S.) verkiezingen na afschaffing opkomstplicht. – Oprichting DS '70. – Opening van 'Het Dorp'. – Kabouterpartij behaalt bij gemeenteraadsverkiezingen in Amsterdam 5 zetels. – Feyenoord wint Europacup – Popfestival in Kralingen; 60 000 bezoekers. – Begin metro-aanleg Amsterdam. – Mariniers verwijderen 'Damslapers'. – Havenstaking Rotterdam. – Staatsbezoek president Soeharto van Indonesië. – Zuidmolukse demonstratie bij strafgevangenis Scheveningen. – Algemene, 1 uur durende, proteststaking tegen loonpauze.

1971 Eerste proefboringen op Ned. deel Continentaal Plat. – Wet op Ondernemingsraden wordt van kracht. – Bomaanslag op Radio Noordzee. – Mr. J. Luns secr.-gen. NAVO. – AJAX wint Europacup. – Fusie van Rijn-Schelde en Verolme, de RSV. – Protesten tegen bezoek Japanse keizer.

1972 Installatie Koninkrijkscommissie. – Diplomatieke betrekkingen Nederland-Volksrepubliek China. – AJAX andermaal winnaar Europacup. – Ongeregeldheden in Rotterdam rond buitenlandse werknemers. – Verlaging kiesgerechtigde leeftijd tot 18 jaar. – 13 doden bij grote kettingbotsing bij Prinsenbeek. – Eerste bedrijfsbezetting in Nederland: ENKA-Glanzstoff in Breda. – Geruchtmakende Barend Servet t.v.-show.

1973 Ned. erkenning van DDR. – Eerste euthanasieproces in Nederland. – Arrestatie vakbondsleiders in Suriname. – Indiening antikraakwet. – Ned. erkenning van Noord-Vietnam. – Revaluatie gulden met 5%. – Autoloze zondagen i.v.m. oliecrisis. – Vergroting steun aan Palestijnse vluchtelingen. – Palestijnse kaping van Ned. Jumbo-jet.

1974 Benzinedistributie. – Regering legt lonen, prijzen enz. aan banden. – Bezetting Dennendal. – Einde benzinetekort. – Invoering maximumsnelheden. – Palestijnen steken op Schiphol gekaapt Brits vliegtuig in brand. – Verschijning witkarren in Amsterdam. – Eerste vrouwelijke commissaris der Koningin: mevr. A.P. Schilthuis, in Drenthe.
Opstand in Huis van Bewaring te Groningen. – Lancering eerste Ned. kunstmaan ANS. – Gijzeling in strafgevangenis Scheveningen. – Invoering verplichte blaas- en bloedproeven weggebruikers. – Instelling Nat. Advies Comm. Emancipatie.

1975 Rellen in Amsterdam i.v.m. metrobouw. – Acties Dolle Mina's. – Demonstratie tegen werkloosheid in Utrecht. – Erkenning voorl. rev. regering van Zuid-Vietnam. – Dragen van veiligheidsgordels voor automobilisten verplicht. – Proces tegen Molukkers n.a.v. gijzelingspoging koningin Juliana. – Staking binnenschippers. – De Nachtwacht beschadigd. – Ontvoering Herrema, dir. AKZO Ierland. – Overname Nederhorst-concern door staat. – Suriname onafhankelijke republiek. – Treinkaping bij Wijster. – Zuidmolukse bezetting Indonesisch consulaat Amsterdam. – Fusie NVV en NKV.

1976 Lockheed-affaire. – Sluiting Bloemenhove. – Kaping KLM-toestel. – Prins Bernhard eervol van zijn mil. functies ontheven. – Opening eerste Ned. casino. – Gedeeltelijke sloping Moluks woonoord te Vaassen. – Arrestatie Pieter Menten. – Ontstaan CDA.

1977 KLM-toestel verongelukt op Can. eilanden. – Invoering zomertijd. – T.v.-staking. – 33 doden bij brand op het A'damse Rokin. – Zuidmolukse treinkaping bij De Punt en bezetting school Bovensmilde. – Opening eerste traject metro Amsterdam. – Ontvoe-

ring M. Caransa.
1978 Ambtenarendemonstratie in Den Haag tegen korting salaris. – Publikatie bezuinigingsplan Bestek '81. – Marokkanen in hongerstaking wegens dreigende uitwijzing. – Oorlogsverleden Aantjes onthuld. – Stakingen bij openbaar vervoer en posterijen.
1979 Bat. Ned. militairen voor Unifil. – Loonmaatregel.

Juliana's Prinsjesdagen

1948 (NFP)

1949 (NFP)

1950 (NFP)

1951 (BP)

1952 (NFP)

1953 (NFP)

1954 (NFP)

1955 (NFP)

1956 (NFP)

1957 (NFP)

1958 (NFP)

1960 (NFP)

1959 (NFP)

1961 (NFP)

1962 (NFP)

1963 (NFP)

1964 (BP)

1965 (NFP)

1966 (BP)

1967 (NFP)

1968 (NFP)

1969 (NFP)

1970 (NFP)

1971 (NFP)

1973 (NFP)

1972 (NFP)

1974 (BP)

1975 (NFP)

1976 (BP)

1977 (BP)

1978 (ANP)

1979 (NFP)

1979-1989

Ik wed dat elke Nederlander, als het effe kon, graag praatte met prinses Juliana, op een bankje in de zon

(Seth Gaaikema)

Zeventig werd ze, en op de vraag wat ze wilde met het bedrag dat de bevolking voor haar had bijeengebracht, antwoordde ze: 'Dat gaat naar de gehandicapte jeugd in Nederland en op de Antillen.' Zo helemaal geen persoonlijk geschenk, daar kon het met de inzameling belaste comité zich niet bij neerleggen. Het deed de koningin enkele suggesties, waarvan ze er dan één aanwees: geschilderde portretten van de vier dochters. Eer deze klaar waren, gingen maanden voorbij; pas tegen het einde van het jaar werden ze koningin én prins in Rijksmuseum Paleis Het Loo aangeboden.

Opvallend veel buitenlandse belangstelling was er voor het bloemendefilé van 1979; andermaal immers deden abdicatiegeruchten de ronde. Uit 'betrouwbare bron' was vernomen dat Juliana op haar verjaardag haar komende abdicatie, op de 6de september, zou aankondigen. Toen ze de microfoon greep was de spanning onder vertegenwoordigers van de pers voelbaar. Juliana echter bedankte slechts voor alle ondervonden hartelijkheid en stapte vervolgens met man en een stel kleinkinderen in een boerenwagen – van dezelfde jaargang als zijzelf – voor een rit langs de belangstellenden die zich op de openbare weg

Op haar 71ste verjaardag, bijna 32 jaar na haar inhuldiging, deed koningin Juliana afstand van de regering (30 april 1980). Het verschil met de 4de september 1948, toen koningin Wilhelmina abdiceerde, was groot en schrijnend. Destijds kon men op de Dam een speld horen vallen terwijl de aftredende en aantredende vorstinnen het woord voerden. Nu moest Juliana tot stilte manen en nóg waren zij en haar dochter niet duidelijk verstaanbaar. (BP)

1979-1989

Van 11 tot 18 april 1981 was het prinselijk paar op de Galapagos-eilanden, die te zamen het Nationale Park van Ecuador vormen. Prins Bernhard was er in verband met zijn werkzaamheden voor het WWF al drie keer geweest; hij had zijn vrouw veel verteld over de unieke flora en fauna van de archipel, hetgeen bij Juliana het verlangen wekte alles eens met eigen ogen te aanschouwen. Tot 30 april 1980 was er echter geen tijd voor dergelijke verre vakantiereizen. De prinses zwom te midden van robben en had later 'een gesprek' met een van die aardige dieren. (BP)

voor het paleis hadden verzameld. De dag erop ging ze weer aan haar werk, dat zich, aldus prins Bernhard, 'voor negen tiende deel op haar bureau, achter gesloten deuren, zonder dat iemand er iets van weet' afspeelde. Het resterende één tiende deel speelde zich af in de openbaarheid: werkbezoeken, onder andere aan Noordwest-Overijssel en aan het werkeiland Neeltje Jans, waar ze een veiligheidshelm over haar voilehoedje moest opzetten.

In de familie verliep alles naar wens. Irene en Carlos hadden mogen terugkeren in Spanje en woonden in Madrid, maar ze hadden zich teruggetrokken uit de politiek. De kleinzoons Willem Alexander en Friso waren op het Baarns Lyceum. In 1973 al verklaarde koningin Juliana dat haar drie getrouwde dochters een gelukkig huwelijk hadden, hetzelfde gold voor de in 1975 eveneens getrouwde vierde dochter, inmiddels moeder van twee jongetjes, die allebei in Nederland waren geboren en in Paleis Soestdijk gedoopt.

En toen stond de verschijning van een nieuw deel van professor De Jongs geschiedschrijving over 'Het Koninkrijk der Nederlanden in de Tweede Wereldoorlog' voor de deur. Daarin komt onder andere aan de orde François van 't Sant, gewezen hoofdcommissaris van de Haagse politie en in Londen behorend tot de naaste omgeving van koningin Wilhelmina. Op haar aandringen werd hij benoemd tot hoofd van de Centrale Inlichtingendienst, dit tot ongenoegen van de zeer velen die zich herinnerden dat hij in Nederland een omstreden figuur was en geen smetteloze reputatie genoot. Het was dus redelijk dat De Jong aandacht aan hem besteedde en tevens uit de doeken deed waaróm Wilhelmina zich sterk voor zijn benoeming had gemaakt.

Van 't Sant zou bemiddelend zijn opgetreden

1979-1989

tussen het koninklijk huis enerzijds en een vroegere vriendin van prins Hendrik anderzijds. Uit de relatie was een zoon geboren, en in Paleis Noordeinde bestond de vrees dat dit feit zou worden aangegrepen om de koninklijke familie te chanteren – prins Hendrik was inmiddels overleden – op straffe van openbaarmaking van de geschiedenis. Op verzoek van koningin Wilhelmina regelde Van 't Sant de zaak, echter uiteindelijk ten koste van zijn functie en zijn reputatie. Wilhelmina, aldus De Jong, 'was Van 't Sant ten diepste erkentelijk; hij bleef na zijn ontslag in dienst van de koningin en behoorde tot de zeer weinigen aan wie zij opdracht gaf haar te volgen, zo zij ooit Nederland zou moeten verlaten'. Koningin Juliana kreeg de desbetreffende passages vóór verschijning van het boek te lezen, had ze liever willen laten vervallen maar was er na overleg met haar premier van overtuigd dat ze van wezenlijk belang waren, en zij berustte in publikatie. In hoeverre De Jongs onthulling nieuw voor haar was, bleef een van de 'geheimen van Soestdijk'. De pers opende de jacht op Juliana's tot dan onbekende halfbroer, die advocaat in het zuiden van het land bleek te zijn. Hij gaf grif toe dat prins Hendrik zijn 'natuurlijke' vader was; om zijn moeder en zijn stiefvader recht te doen wedervaren, zo verklaarde hij, verstrekte hij de pers allerlei bijzonderheden.

In onze verlichte tijd lagen weinig mensen wakker van de kwestie; bovendien was het allemaal al zo lang geleden en ten slotte was uit diverse publikaties langzamerhand voldoende bekend hoe de verhouding tussen koningin Wilhelmina en prins Hendrik was geweest. Wel vonden de meeste Nederlanders het voor Juliana verdrietig dat haar vader, die zij zo lief had gehad, andermaal in opspraak werd gebracht.

De zaak zou in enkele weken zijn vergeten indien Hendriks zoon zich discreter had opgesteld. Hij koesterde zich echter in de algemene belangstelling, gaf links en rechts interviews, liet zich fotograferen in een mantel van imitatiehermelijn en liet zich fêteren; op een gegeven moment noemde hij zich 'prins van Mecklenburg'.

Zijn verzoek om de inhuldiging van koningin Beatrix te mogen bijwonen, werd niet ingewilligd.

In december ging koningin Juliana een paar dagen logeren bij prinses Christina in New York; in januari zocht ze prinses Irene op in Madrid. Ofschoon het een strikt familiebezoek gold, werd er nogal wat ophef van gemaakt, omdat Nederland en Spanje sedert de Tachtigjarige Oorlog nog steeds aartsvijanden heetten te zijn en Juliana het eerste Nederlandse staatshoofd was dat voet op Spaanse bodem zette. Prins Bernhard was haar voorgegaan, hij woonde op het Iberisch schiereiland geregeld jachtpartijen bij.

Op 31 januari 1980 kwam de spreekwoordelijke donderslag bij heldere hemel: voor radio en televisie maakte Juliana bekend dat zij op 30 april, 'mijn eenenzeventigste verjaardag' zou aftreden. Terwijl in Amsterdam al werd begonnen met de voorbereidingen van Beatrix' inhuldiging, vierde de familie in Paleis Soestdijk de tweeënveertigste verjaardag van de aanstaande koningin. Voorlopig bracht de komende troonswisseling voor de twee direct betrokkenen geen ingrijpende veranderingen met zich. Koningin Juliana en prinses Beatrix kwamen stipt alle verplichtingen na die zij – veelal reeds maanden daarvoor – op zich hadden genomen. In maart trad koningin Juliana voor het laatst op als gastvrouw bij een staatsbezoek, dat van het Spaanse koningspaar. In navolging van haar moeder wilde zij na haar abdicatie 'prinses' worden genoemd – nee, niet koningin-moeder, die titel was te zeer verweven met de persoon van grootmoeder Emma.

Voor haar abdicatie-aankondiging had Juliana een paar minuten nodig, voor de afscheidsrede tot de bevolking, 'op de laatste volledige dag waarop ik aan de top sta van dit koninkrijk' aanzienlijk meer tijd.

Ze erkende dat het haar goed deed 'simpelweg als mens dank en waardering te krijgen'. Ze uitte de wens 'voortaan nog ergens zinvol mee bezig te kunnen zijn, ergens te mogen helpen op gebieden die me bijzonder interesseren, ook al ben ik im-

Juliana in 1983 bij een bezoek aan Bovenkarspel. In tegenstelling tot haar moeder, die zich na haar abdicatie vrijwel geheel uit het openbare leven terugtrok – alleen bij hoge uitzondering vertoonde Wilhelmina zich nog aan haar voormalige onderdanen, onder andere na de overstromingen van 1953 – wilde Juliana bezig blijven. Vooral in de eerste jaren na haar aftreden kweet ze zich van tal van representatieve verplichtingen, overwegend betrekking hebbend op de verzorging van en de zorg voor geestelijk en lichamelijk gehandicapten. (NFP)

mers op geen enkel bepaald terrein een deskundige'. Ze mijmerde wat over de door haar in 1948 aanvaarde en nu bijna afgeronde taak: 'Het mooie ervan is, het algemeen welzijn te mogen dienen, een rustpunt te zijn te midden van de werveling van alle stromingen (...), te doen wat je kunt voor wie achter zijn gebleven, voor hen die speciale aandacht en hulp nodig hebben.'
Op 30 april 1980 dus geen bloemendefilé, maar een plechtigheid in de Amsterdamse Nieuwe Kerk en in de hoofdstad ook rellen en onrust, waarbij veel schade werd aangericht en gewonden vielen. Voor Juliana geen mooi einde, voor Beatrix geen best begin.
Teneinde de velen die zich op de ouderwetse koninginnedag hadden verheugd een teleurstelling te besparen, werd op 31 mei alsnog een bloemendefilé gehouden. Onder degenen die Juliana kwamen feliciteren bevonden zich zeventig Oostenrijkers, allen afkomstig uit Lech, waar de koninklijke familie jaarlijks gaat skiën. Tijdens de voorgaande wintersportvakantie hadden ze tegenover prins Bernhard het idee geopperd om de Nederlandse vorstin persoonlijk te komen gelukwensen. De prins haakte erop in er werden vervolgens vele telefoontjes tussen Soestdijk en Lech gevoerd. En daar waren ze dan, allemaal in 'Trachten', met bloemen en voorzien van de traditionele Obstler waarvan ter plekke werd geproefd.

1979-1989

Reeds in de herfst van 1980 tekenen zich steeds duidelijker de 'zinvolle dingen' af waarmee Juliana bezig wilde zijn. Op verzoek van haar oudste dochter aanvaardde ze voor het themajaar 1981, het Internationale Jaar van de Gehandicapten,

Meer dan driekwart eeuw oud, en nog steeds op de ski's (voorjaar 1985, Lech). (BP)

het erevoorzitterschap van de nationale commissie. Op nieuwjaarsdag opende ze het themajaar met een toespraak waarin ze pleitte om begrip voor het verlangen van gehandicapten naar een volwaardige plaats in de samenleving. In de volgende maanden verscheen Juliana overal waar iets met betrekking tot gehandicapten te doen was. Ze opende tehuizen, revalidatiecentra, bezocht gevestigde instituten, woonde studiedagen en symposia bij en zei dat ze er veel van leerde. Toen werd vastgesteld welke projecten een bijdrage zouden ontvangen uit de opbrengst van de nationale inzameling 1979 kon Juliana bogen op een zekere deskundigheid.

In 1983 ging ze naar de Antillen om zich er persoonlijk van te vergewissen of haar geld goed besteed was en zou worden. Verdeeld over alle zes eilanden bezocht ze vijftien instellingen, waar ze in totaal het lieve sommetje van één miljoen achterliet.

Tweeënzeventig werd ze, en dat vierde ze bij prinses Christina in New York. Zo voorkwam ze dat ze op 30 april ongewild toch weer in de belangstelling zou staan, bovendien kwam het nu eenmaal zo uit. Ze was op de terugweg van de Galapagos-eilanden, waar ze met prins Bernhard een korte vakantie had doorgebracht.

Bij haar thuiskomst klonken in Soestdijk weer kinderstemmen. Prinses Irene en haar viertal bewoonden het flatje waar ze al zo dikwijls hadden gelogeerd. Tóen was het voor vakanties geweest, nu echter zat er een andere reden achter; Irenes huwelijk was op de klippen gelopen. De prinses vestigde zich definitief in Nederland, ging zich bezighouden met maatschappelijk werk en betrok op den duur een villa naast Soestdijk. De onmiddellijke nabijheid van Carlos jr., Jaime en Margarita en Carolina was Juliana welkom, te meer omdat koningin Beatrix in augustus 1981 naar Den Haag verhuisde, waardoor de bliksembezoekjes van Willem Alexander, Friso en Constantijn aan hun grootouders verleden tijd waren.

Vijfenzeventig werd ze, en nog eens was ze op 30 april het middelpunt van een nationaal feest. Anders dan vroeger werd deze dag gevierd in Den Haag, compleet met een tramrit en een kermisbezoek – dingen die Juliana in haar jeugd zo graag wilde, maar nooit mocht. De grootste verrassing van die dag werd haar echter bereid terwijl ze bij haar dochter thuis op verhaal kwam: ze kreeg het 'Verzetsherdenkingskruis' voor haar moeder, koningin Wilhelmina, de 'Moeder van het Verzet'.

Zesenzeventig werd ze; en op de derde dinsdag van september zat ze weer achter de ramen van het kabinet der Koningin aan de Vijverberg om de Gouden Koets te zien langskomen. Voor het eerst immers gaf haar oudste kleinzoon, de toekomstige koning der Nederlanden, acte de présence!

Zevenenzeventig werd ze; en dat vierde ze bij haar petekind, koning Carl XVI Gustaf van Zweden, die op dezelfde dag veertig werd. Begin oktober was Juliana getuige van het in gebruik stellen van de stormvloedkering in de Oosterschelde, waarmee de tijdens haar regering begonnen Deltawerken voltooid waren. 'Zeeland veilig' heette het voortaan; Juliana zag hiermee een hartewens vervuld.

Twee weken later nog één. Eindelijk kon ze met de prins naar Israël, wat haar tijdens haar bewind steeds vanwege politieke redenen was ontzegd.

In haar achtenzeventigste levensjaar was ze opnieuw de bruid. Op 7 januari 1987 herdachten prins Bernhard en prinses Juliana in familiekring hun gouden bruiloft. Op 30 april kwamen zij de door de prins in 1977 gedane belofte na, en vierden zij hun 50-jarige echtvereniging te zamen met heel Nederland. Onbetwist hoogtepunt was het tuinfeest op Soestdijk. Prachtig weer verhoogde de stemming. Binnenshuis werd nog lang nagepraat over het nationaal geschenk, dat het bruidspaar volgens afspraak eerlijk verdeelde: haar helft voor de gehandicapten en zijn helft voor het Wereld Natuur Fonds.

Koninginnedag 1987 stond in het teken van de gouden bruiloft van het prinselijk paar, dat, omringd door kinderen en kleinkinderen, vertegenwoordigers uit alle lagen der Nederlandse bevolking aan zich voorbij zag trekken. (BP)

1979

Op de 50ste geboortedag van Anne Frank, de in een concentratiekamp omgekomen schrijfster van 'Het Dagboek van Anne Frank', werd Juliana door Annes vader rondgeleid in het 'Anne Frankhuis', de grachtenwoning waarin de Franks destijds waren ondergedoken (12 juni 1979). (BP)

1979

Het bejaardendefilé 1979 vond plaats op 19 juni. Onder de groep 65-plussers, die de koningin ietwat verlaat kwamen feliciteren met haar 70ste verjaardag, bevond zich ook een aantal leden van de Stichting Dienstverlening voor Ouderen uit Heerlen, die een volksdans-demonstratie gaf. Aan het slot daarvan nodigde de leidster van de dansgroep de koningin uit mee te doen – en daar danste dan de koningin der Nederlanden op de gele steentjes voor Paleis Soestdijk. (BP)

12 september 1979: koningin Juliana opende in Dronrijp een coöperatieve kaasmakerij, feliciteerde in Leeuwarden twee 100-jarigen: de koninklijke verenigingen 'Het Friesch Rundveestamboek' en 'Het Friesch Paardenstamboek', en maakte kennis met kampioens-koe String Jantje (goed voor 100 000 liter melk!). (NFP)

1980

In januari 1980 logeerde Juliana een paar dagen bij haar tweede dochter, Irene, in Madrid. De vier kleinkinderen, gewend om grootmama in Nederland, in Oostenrijk en in Porte Ercole te treffen, vonden het prachtig dat zij nu eens naar hen toe kwam. De koningin maakte van het verblijf in Spanje gebruik om ook met het Spaanse koningspaar te spreken, mede in verband met het staatsbezoek dat dit weldra aan Nederland zou brengen. Tevens gingen Juliana en Irene enkele keren samen winkelen. (BP)

Om tien over tien op 30 april 1980 plaatste prinses Beatrix haar handtekening op de akte van abdicatie en werd daarmee koningin der Nederlanden. De emoties laaiden hoog op, daar in de Mozeszaal van het Paleis op de Dam. Waar prins Bernhard even eerder het grote stuk weerspannig perkament vasthield voor zijn vrouw, was nu Juliana haar oudste dochter behulpzaam. (BP)

1980

Beatrix is ingehuldigd, de gehele koninklijke familie wacht op het moment waarop ze de Nieuwe Kerk kan verlaten. Bij het vertrek van Juliana en Bernhard klaterde andermaal het applaus op. (BP)

Voor de nieuwe koningin en haar gezin geen zegetocht per Gouden Koets; Amsterdam leek op die 30ste april 1980 eerder op een vesting dan op een feestvierende stad. Een naar afscheid voor Juliana, een onaangenaam begin voor Beatrix. (BP)

1981

Was het tijdens het bejaardendefilé 1979 'dansen met de koningin', een jaar later was het 'zingen met de prinses'. De gasten van Soestdijk waren onder meer afkomstig uit Limburg, en een aantal van hen maakte deel uit van het bejaardenkoor 'Jong geleerd, oud gedaan'. (NFP)

Op 29 juni 1981 vierde prins Bernhard zijn 70ste verjaardag. Aanvankelijk bestond het plan voor de jarige een defilé te organiseren. 'Den Haag' liet weten dit minder gewenst te vinden en toen stelden de ca. 3000 oud-strijders, oud-illegalen en vrienden van de 'generaal van Oranje' zich maar in lange rijen op in de tuin van Soestdijk en defileerden de prins en zijn vrouw langs hén. – Juliana verheugde zich evenzeer over het huldebetoon als het feestvarken zelf. (NFP)

1981

Nummer 14, tevens het laatste van Juliana's kleinkinderen, was het dochtertje van prinses Christina en Jorge Guillermo. De baby werd geboren in Utrecht, gedoopt in Paleis Soestdijk en genoemd naar haar beide grootmoeders, prinses Juliana en mevrouw Edenia Guillermo. (BP)

1981

Nog een herinnering aan prins Bernhards verjaarsfeest in 1981. Het prinselijk paar zag talloze oude bekenden uit de oorlogsjaren terug. (BP)

1982

Tijdens het staatsbezoek aan Indonesië (1971) liet prinses Juliana zich tegenover president Soeharto ontvallen best nog eens terug te willen komen; waarop de president haar meteen uitnodigde een vakantie in zijn land door te brengen. Pas in 1982 kwam het prinselijk paar ertoe de invitatie aan te nemen. Welgemoed vertrokken de gasten naar Java, vooral Juliana in de hoop nu eens ongestoord door de pers en te veel belangstelling van de bevolking te kunnen genieten van het vele moois dat het land te bieden heeft. (BP)

Weldra bleek echter dat haar verwachtingen te hoog gespannen waren. Het zogenaamde privé-bezoek liep uit op een herhaling van het staatsbezoek. Waar het prinselijk paar maar verscheen, overal stonden de comités van ontvangst gereed, met inbegrip van de persfotografen, die hun camera's voortdurend in de aanslag hielden. Ook de bevolking liet geen gelegenheid voorbijgaan de gasten uit het vroegere moederland toe te juichen en te overladen met geschenken. (BP)

1982-1983

In juni 1982 vierde de Koninklijke Vereniging voor de Luchtvaart haar 75-jarig bestaan met een grootse manifestatie op vliegveld Lelystad. Dat prins Bernhard, zelf een enthousiast en zeer ervaren vlieger, deze Nationale Luchtvaartdag althans gedeeltelijk zou bijwonen, stond al lang van tevoren vast, maar het betekende voor de meeste genodigden een verrassing ook prinses Juliana uit de helikopter te zien stappen. – Ruim een jaar eerder was het prinselijk paar eveneens op Vliegveld Lelystad. Prins Bernhard vierde toen zijn 40-jarig vliegersjubileum; hij had voor de gelegenheid zijn oude RAF-jak uit de motteballen gehaald en vloog enkele rondjes in een zelfde type tweedekker als waarin hij tijdens de oorlog had leren vliegen. Juliana was toen duidelijk blij dat hij weer veilig en wel landde. (NFP)

Er is Juliana weleens verweten dat zij, door nog zo veel – overwegend representatieve – verplichtingen op zich te nemen, haar dochter in feite voor de voeten liep. Koningin Beatrix echter was blij met ieder beetje hulp dat haar door haar familie werd aangeboden. Op 14 juni 1983 opende de koningin het nieuwe gebouwencomplex van de Raad van State aan de Kneuterdijk. Omdat tot de bouw daarvan was besloten ten tijde van haar moeders regering, vond ze het logisch dat ook 'mammie' bij de plechtigheid aanwezig was. (NFP)

1983-1984

Tijdens de oorlog begon prinses Juliana ook in het openbaar te roken, en op heel wat foto's, gemaakt tijdens officiële gebeurtenissen, staat ze dan ook rokend afgebeeld. In juni 1983 opende ze in Egmond aan Zee een voor gehandicapten aangepaste vakantiebungalow, een project van het Prinses Beatrix Fonds. Tijdens de toespraak van Egmonds burgemeester stak de prinses een sigaret op. (NFP)

Ook na haar abdicatie bleef Juliana zeer geïnteresseerd in het werk van het Leger des Heils. Zo woonde ze op 12 april 1984 in de Hilversumse Expohal een gedeelte van de Nationale Zonnedag van het Heilsleger bij en onderwierp zich welgemoed aan een interview door luitenant-kolonel Bosshardt – dezelfde die in 1965 prinses Beatrix meenam op haar ronde door Amsterdams warme buurt om krantjes te verkopen. (WFP)

1984

Honderden malen heeft prins Bernhard het Verzetsherdenkingskruis uitgereikt, steeds in de wetenschap dat hij die onderscheiding nooit zou ontvangen. Maar op 20 maart 1984, toen alle toegekende kruisen hun bestemming hadden bereikt, zou er in Paleis Soestdijk een laatste bijeenkomst van het verantwoordelijke comité plaatsvinden. Het doel van die bijeenkomst werd weldra duidelijk: de prins kreeg dat Verzetsherdenkingskruis tóch. Prinses Juliana, die tevens in het komplot zat, was de eerste om haar man geluk te wensen. (BP)

Alvorens af te reizen naar Afrika voor een fotosafari, logeerde het koninklijk gezin in 1984 een paar dagen bij het prinselijk paar in Porte Ercole.
Voor prinses Juliana en prins Bernhard moet het zijn geweest of de tijd als een ademtocht voorbij was gegaan. Het leek immers nog pas gisteren dat die drie forse knapen, hun kleinzoons, als baby's bij hen op schoot hadden gezeten. (BP)

1984

In 1933 legde prinses Juliana, de troonopvolgster, in de Nieuwe Kerk te Delft bloemen bij het grafmonument van Willem de Zwijger, die toen 400 jaar eerder in Dillenburg het levenslicht aanschouwde. In 1984 was ze met een groot aantal leden van haar familie plus het Belgische koningspaar en het groothertogelijk paar van Luxemburg andermaal aanwezig in Delft, nu om de 400ste sterfdag van de Vader des Vaderlands te gedenken. (BP)

In de zomer van 1984 liet de prinses zich naar een aantal oudgedienden rijden, de gepensioneerde beroepsmilitairen van Bronbeek. Het voormalige landgoed van Juliana's grootvader, koning Willem III, was aanzienlijk gemoderniseerd. Prinses Juliana stelde de vernieuwde vleugel in gebruik. (BP)

1985

In 1935 opende prinses Juliana in Amstelveen de Blindengeleidehondenschool; een halve eeuw later opende ze, eveneens in Amstelveen, de nieuwe behuizing van de school en vierde ze het 50-jarig jubileum van het Nederlandse Geleidehonden Fonds mee. Evenmin als 50 jaar eerder kon ze de verleiding weerstaan om enkele van de intelligente viervoeters aan te halen. (ANP)

In 1985 was prinses Juliana andermaal in Arnhem, nu om de vijfjaarlijkse herdenking van de Nederlandse slachtoffers van de Japanse vrouwenkampen bij te wonen. De prinses legde een krans bij het monument, dat aanvankelijk in het Oranjepark in Apeldoorn stond, maar na herhaalde vernielingen werd overgebracht naar het terrein van het Koninklijk Militair Tehuis Bronbeek (31 augustus 1985). (NFP)

1986

In 1986 ging een van Juliana's hartewensen in vervulling: zij en prins Bernhard bezochten Israël, waar ze onder meer bomen plantten in het Koningin Beatrix Woud. (BP)

Velen uit het verzet vierden de 75ste verjaardag van prins Bernhard mee in de tuin van Paleis Soestdijk in 1986. (BP)

1986

De prinses vierde haar 77ste verjaardag bij haar petekind, de huidige Zweedse koning, die op dezelfde dag 40 werd. (BP)

1987

Op 11 mei 1987 opende prinses Juliana de autoweg over de Oosterscheldedam; Nederlands tweede regerende vorstin heeft zich altijd zeer betrokken gevoeld bij de Deltawerken. (BP)

Het nationaal geschenk voor het gouden bruidspaar van 1987 bedroeg ruim 3 miljoen gulden: de ene helft voor 'zijn' Wereld Natuur Fonds, de andere voor 'haar' gehandicapten. (BP)

1987

Juliana heeft Christina eens aangeduid als 'mijn begaafdste kind'. Zelden sloeg de moeder een openbaar optreden van de dochter over. (BP)

Eindelijk kreeg Den Haag een monument voor koningin Wilhelmina; het werd onthuld door haar dochter en haar kleindochter. (BP)

Zelden of nooit liet Juliana verstek gaan bij de uitreiking van de Zilveren Anjers door prins Bernhard. (BP)

1988

Juliana opent de tentoonstelling van werk van Marie-Cecile Dreesmann in 1988 in Lage Vuursche. (BP)

Altijd blijft ze geïnteresseerd in sociaal werk. Hier bij de opening van de 'Finsprong' in Zeist. (BP)

1988

Was Juliana van 1948 tot en met 1979 op Prinsjesdag de hoofdpersoon, in later jaren was zij een van de duizenden toeschouwers langs de route van de Gouden Koets. Meestal samen met haar jongste dochter zat zij dan achter een venster in het gebouw van het kabinet der Koningin. (BP)

1979-1989

DIT GEBEURDE IN NEDERLAND

1979 Stakingen in vleesindustrie. – Loonoverleg regering-sociale partners binnen Stichting van de Arbeid loopt vast.

1980 Straatgevechten tussen krakers en politie te Amsterdam. – Protestmanifestaties tegen regeringsbeleid. – Begin van bodemverontreinigingsgolf (in Lekkerkerk). – Krakers vernietigen 500 dossiers Gem. Dienst Herhuisvesting Amsterdam. – Inhuldiging koningin Beatrix; rellen in Amsterdam. – Onlusten in Amsterdam wegens ontruiming kraakpand. – Protest leerkrachten tegen salarisverlaging. – Aanvaarding abortusvoorstel door Tweede Kamer. – Aankondiging beperkte loonmaatregel.

1981 Instelling ambt Nationale Ombudsman. – Uitwijzing Ned. ambassadeur in Peking wegens voorgenomen Ned. levering van duikboten aan Taiwan. – Goedkeuring Abortuswet door Eerste Kamer. – Opening Vlaams Cultureel Centrum 'De Brakke Grond' in Amsterdam. – Ingebruikneming experimentele windturbine bij Petten. – Blokkade belangrijkste vaarwegen door Ned. binnenschippers. – Opwaardering gulden met 5,5%. – NLM-vliegtuig verongelukt bij Moerdijk. – Grote anti-kernwapendemonstratie in Amsterdam. – Ford-Nederland sluit. – Nederland heeft ca. 475 000 werklozen.

1982 Vredesactivisten houden in Groningen munitietransport naar West-Duitsland tegen. – Weer krakersrellen in Amsterdam; afkondiging van semi-noodtoestand. – Onderwijsstaking. – Poststaking.

1983 Gemeente Amsterdam koopt twee droogdokken van de ADM. – Nederland lid van de Veiligheidsraad. – Stopzetting overheidssteun aan RSV. – Wereldbeker voor Nederlands dameshockeyelftal. – Woensdrecht kruisraketbasis. – Demonstraties bij Woensdrecht. – Omkoopschandaal ABP. – Racistische moord op 15-jarige Antilliaan.
– Tilburgse Hypotheekbank failliet. – Opkomst Centrumpartij. – Stiptheidsacties bij Openbaar Vervoer. – In Den Haag demonstratie tegen plaatsing kruisraketten. – Ontvoering Amsterdamse brouwer F. Heineken en chauffeur.

1984 M.E. trekt Molukse wijk in Capelle a/d IJssel binnen i.v.m. huurstakingen. – Herstel diplomatieke betrekkingen 'Rood' China/Nederland. – Wilton-Feyenoord door werknemers bezet. – Regeringsbesluit plaatsing kruisraketten. – Harttransplantatie in Rotterdams Dijkzigtziekenhuis. – Geboorte eerste Nederlandse 'diepvries'-baby. – Philips akkoord met CAO voor 38-urige werkweek. – Havenstaking in Rotterdam. – Nobelprijs voor natuurkunde voor ir. Simon van der Meer. – Helft Nederlandse bosbestand aangetast door milieuvervuiling.

1985 Stiptheidsacties loodswezen. – Opheffing ca. helft externe adviesorganen. – Regering weigert aan H. Brandt Corstius de P.C. Hooftprijs. – 50 000 Nederlanders houden op met werken t.g.v. tweeverdienerswet. – ADM-werf failliet. – Elfstedentocht. – Acties luchtverkeersleiders. – Tamils protesteren tegen opvangvoorzieningen. – Bezoek paus aan Nederland. – Voordeurdelersregeling. – Amerikaanse order voor 20 F-100 Fokker-vliegtuigen. – Terugtrekking Nederlandse Unifil-militairen uit Libanon. – Komité Kruisraketten Nee verwerft bijna vier milj. handtekeningen. – Aankomst Russische dissidente Irina Grivnina. – Vrachtwagenblokkades op de wegen.

1986 'Status aparte' Aruba. – Biljet 250 gulden. – Flevoland 12e provincie. – Prins van Oranje doet mee aan Elfstedentocht. – Oscar voor Ned. animatiefilm 'Anna en Bella'. – In 1651 begonnen oorlog tussen Nederland en de Scilly-eilanden officieel beëindigd. – Boze boeren dumpen melk in Leeuwarder grachten. – Spoorwegstaking. – Actie Ned. huisartsen. – Stoffelijk overschot Lindemans (King-Kong) geïdentificeerd. – Bomaanslag op 'De Schelde' B.V. te Bergen op Zoom. – Brand aan boord van in aanbouw zijnde onderzeeër 'Walrus'. – Start 06-nummers. – Luchtballon Dutch Viking na oversteek van de Atl. Oceaan geland in Almere. – Inpoldering Markerwaard definitief van de baan. – Woelige opening Muziektheater in Amsterdam. – Drie vrouwelijke adelborsten beëdigd. – Opheffing Haagse Comedie. – Heineken-ontvoerders aan Ned. uitgeleverd. – Stormvloedkering Oosterschelde in gebruik gesteld. – Anna Bijnsprijs voor schrijfster Josepha Mendels. – Erasmusprijs voor Vaclav Havel. – Pianist Vladimir Horowitz in Concertgebouw. – Premier Lubbers kondigt aan, tot 1990 28 000 overheidsbanen te zullen schrappen.

1987 Uit opinieonderzoek komt Simon Carmiggelt (Kronkel) als bekendste Ned. schrijver naar voren. – Actiegroep RARA verantwoordelijk voor uitbranden Makro te Nuth. – 100 000 niet-betalende bezoekers in met sluiting bedreigd Openluchtmuseum te Arnhem. – Noord-Nederland plat door ijzelregen. – Oscar voor Ned. speelfilm 'De Aanslag'. – Start grootscheepse anti-aids-campagne. – Acht skeletten uit vroege of midden-bronstijd gevonden bij Wassenaar. – Volgens Haarlemse bisschop horen katholieken niet op VVD of PVdA te stemmen. – Amsterdam Culturele Hoofdstad van Europa. – Componist Henk Badings overleden. – Uitgever Wolters Samsom fuseert met Kluwer. – Koningin Beatrix getroffen door hersenvliesontsteking. – Raad van State maakt voortaan nevenfuncties van leden bekend. – Homomonument in Amsterdam. – Ontvoering Gerrit Jan Heijn. – Anton Pieck en Simon Carmiggelt overleden. – Studentenprotest tegen bezuinigingen Min. van Onderwijs. – Maximumsnelheid naar 120 km per uur.

1988 Inwoners van Oss blokkeren toegang van chemisch bedrijf Diosynth. – FNV-voorzitter Pont in dienst bij Min. van Binnenlandse Zaken. – Onverwachte afschaffing WIR-investeringspremies. – Protesterende boeren dringen bureau mestheffing in Assen binnen. – Ontvoerder/moordenaar Gerrit Jan Heijn gearresteerd. – Gelijkberechtiging AAW. – Politicus Dr. Willem Drees overleden. – Staking openbaar vervoer Amsterdam. – Oranje Europees voetbalkampioen. – Anton Dreesmann neemt ontslag als voorzitter hoofddirectie Vendex-concern. – In Vlissingen verjagen gewapende vissers controleurs AID en leden ME. – Drie doeken van Van Gogh ontvreemd uit Kröller-Müller museum. – Avondje stappen kost burgemeester van Smallingerland functie.

1989 PTT niet langer overheidsbedrijf. – 'Twee van Breda' land uit gezet. – In De Bilt laagste luchtdruk in bijna 300 jaar gemeten. – Fusie NMB en Postbank. – Oprichting Vrouwenpartij. – In Eindhoven grootste moskee van Nederland geopend. – Meer dan 50% van bevolking buitenkerkelijk. – Frank Sinatra, Liza Minelli en Sammy Davis jr. in R'damse Ahoyhal; prijs kaartjes van ƒ 100 tot ƒ 3000,–. – Acties verpleegkundigen. – Dameshockeyclub Amsterdam voor 10e keer Europees kampioen. – Oud-minister ('Tientje van') Lieftinck overleden. – Nederland hervat de in '82 opgeschorte ontwikkelingshulp aan Suriname. – Voetbalpasjesfiasco. – Bewoners van Arnhemse wijk vallen drughandelaren, -verslaafden en -prostituées aan. – Einde 'generaal pardon' wapenbezitters; 60 000 verboden wapens ingeleverd. – Leidse artsen ontdekken middel tegen nierstenen. – Haags NS-station Hollandse Spoor uitgebrand. – Bommen in Ajax-stadion. – Proefproces euthanasie comapatiënte Ineke Stinissen.

1989-1999

Ik ben in mijn lange leven al genoeg bejubeld

(Prinses Juliana)

In 1989 bereikte ze de leeftijd der zeer sterken. Al deed ze aanzienlijk kalmer aan dan ze gedurende vele jaren na haar 'ambtsperiode' gewend was geweest, nóg verscheen zij tot het midden van de jaren negentig geregeld in het openbaar, nóg smaakte haar een sigaret op z'n tijd, nóg toonde zij op alle mogelijke manieren haar belangstelling voor en medeleven met de minder bedeelde medemens. Van afnemende krachten geen spoor, geen tekenen dat haar bijna legendarische ijzeren constitutie minder was geworden. Wel de uitdrukkelijke wens om geen bijzondere aandacht aan deze verjaardag te besteden. 'Ik ben in mijn lange leven al genoeg bejubeld,' liet ze nuchter weten.
Desondanks een verrassing: schoonzoon-conférencier-pianist Pieter van Vollenhoven kondigde op het liefdadigheidsconcert van zijn 'Gevleugelde Vrienden' een optreden van prinses Christina aan. Een mooier geschenk was voor Juliana niet denkbaar geweest.

In het najaar werd nogmaals een aanslag op haar emoties gepleegd. In Rijksmuseum Paleis Het Loo opende de prinses de tentoonstelling 'Heren, wij zijn er nog' over haar grootmoeder Emma, die in 1890 regentes werd voor de nog minderjarige koningin Wilhelmina. Keer op keer werd de prinses geconfronteerd met herinneringen aan haar jeugd. Zelfs kon ze haar grootmoeders stem horen, want er werd een Polygoon-filmpje gedraaid waarin de 'koningin-moeder' de bevolking opriep om de TBC-bestrijding financieel te steunen.

Vijfentachtig werd ze, de hoogste leeftijd ooit door een Oranje bereikt. Voor Juliana was dit record geen reden af te stappen van haar gewoonte haar verjaardag thuis door te brengen. 's Morgens volgde ze de televisie-uitzending van koninginnedag-viering in Emmeloord en op Urk, waar haar oudste dochter en derde dochter met hun gezinnen de feestelijkheden bijwoonden. De middag en avond waren gereserveerd voor bezoek van kinderen en kleinkinderen en wat goede vrienden.
Toch kreeg ook deze verjaardag een bijzonder tintje dank zij de publicatie van het boek *450 jaar Oranjeliederen*, met onder meer de door de tienjarige Juliana geschreven en door Catharina van Rennes getoonzette gedichtjes 'De dansende haasjes' en 'Mooi weer'. Ook bevatte het boek het door Juliana uit het Noors vertaalde lied 'De zon schijnt in mijn ziel vandaag' dat in 1962 werd gezongen tijdens de uitvaartdienst van koningin Wilhelmina.

Zesentachtig werd ze, en ze mocht het beleven dat drie kleinzoons – Constantijn, Maurits en Bernhard – afstudeerden; dat het door dochter Irene geschreven boek *Dialoog met de Natuur* een voor Nederland ongekend hoge oplage haalde; en dat dochter Margriet gekozen werd tot voorzitter van de Standing Commission, het hoogste orgaan van alle in een federatie opgenomen afdelingen van het Rode Kruis en de Halve Maan ter wereld.
In ditzelfde levensjaar verloor de prinses haar trouwe vriendin Freule C.E.B. Roëll, die tevens jarenlang haar hofdame en particulier secretaresse was. Dochter Christina besloot een punt achter haar huwelijk met Jorge Guillermo te zetten

1989-1999

Opening van de Effatha in Voorburg. Met kinderen is de prinses altijd op haar best. (BP)

Juliana in Porte Ercole in 1989, terwijl het gezin van prinses Margriet door de vaderlandse fotopers onder schot werd genomen. Voor de prinses verliep deze vakantie niet zo gelukkig; ze liep bij een val enkele gekneusde ribben op. (BP)

243

1989-1999

en naar New York te verhuizen. En prins Bernhard balanceerde na een operatie enkele weken op het randje van de dood. Na vier maanden kreeg de prinses haar man – mét baard – pas weer thuis.

Zevenentachtig werd Juliana in 1996, en eindelijk deed ze een paar concessies aan haar leeftijd: ze nam geen officiële verplichtingen meer op zich en stopte met skiën. Ze ging nog wel een keer naar Lech, nu echter in de zomer en om er samen met prinses Irene en haar oude vriendin Irma Moosbrügger te wandelen.
En vervolgens zag ze zich, samen met prins Bernhard, voor een dilemma geplaatst in verband met hun diamanten huwelijksfeest. Gezien de populariteit van het prinselijk paar werd er in brede kring zo'n beetje op gerekend, dat de 7e januari 1997 een nationale feestdag zou worden. Bruid en bruidegom vonden echter dat de gouden bruiloft al uitbundig genoeg was gevierd. Ze hadden er geen behoefte aan nog eens zo nadrukkelijk in het middelpunt der algemene belangstelling te staan. Dus trakteerden ze zichzelf, hun vier dochters, twee schoonzoons en veertien kleinkinderen op een korte vakantie in Kenia.
Wist prinses Juliana toen al, dat kleinzoon Carlos vader zou worden? Was ze het eens met diens besluit het kind niet te erkennen en niet te trouwen met de moeder? Geen buitenstaander die het weet. Tegenover derden heeft Juliana zich nooit over haar familie uitgelaten; of zij haar ach-

In mei 1990 onthulde een jeugdig ogende prinses Juliana te Middelburg het verzetsbeeld. (BP)

Evenals in voorgaande jaren woonde prinses Juliana in 1990 samen met haar oudste en derde dochter en hun echtgenoten de uitreiking van de Erasmusprijs bij. (BP)

terkleinzoontje ooit in de armen heeft gehouden; of ze blij was met de geboorte van het jongetje, zal voor de buitenwereld, zeker voorlopig, een geheim blijven.

Negenentachtig werd ze – en die verjaardag 'vierde' ze in het ziekenhuis. Medio april 1998 overkwam haar wat jaarlijks duizenden bejaarde Nederlanders overkomt: bij een val brak ze haar heup. Het bericht haalde de voorpagina's van alle kranten en gaf aanleiding tot de wildste geruchten. Uiteindelijk maakte de RVD bekend dat de prinses tengevolge van de narcose enige tijd last van verwardheid had. Wat ook duizenden Nederlanders, jong én oud, overkomt. Op 2 mei kon de prinses – lopend – het ziekenhuis verlaten. Vier dagen later verscheen ze, achter een rollator en absoluut geen verwarde indruk makend, in een Baarns stemlokaal om voor de Tweede Kamerverkiezingen te stemmen.

En eind mei woonde ze in Apeldoorn het huwelijk van kleinzoon Maurits met Marilène van den Broek bij. Enthousiast hief ze het glas op het jonge paar, verheugd als ze was over de familie-uitbreiding. Het applaus waarmee ze bij haar aankomst in de Grote Kerk werd begroet, deed niet onder voor dat waarmee het bruidspaar werd verwelkomd. In de kerk gaf ze nog weer een blijk van haar bekende eigenzinnigheid. Hoewel ze wist dat het vanuit protestantse kringen aanleiding tot kritiek zou geven, ging zij, die eens Koningin der Nederlanden was, ter communie... En in 1999 hoopt onze geliefde Prinses, Koningin en vervolgens weer Prinses Juliana de leeftijd van 90 jaar te bereiken. Heel Nederland wenst haar daarbij van harte geluk.

1989-1999

Links: In de zomer van 1990 werden te Middelburg weer de Four Freedoms Awards uitgereikt. Prinses Juliana, zelf draagster van deze onderscheiding, onderhield zich tijdens de plechtigheid met mevrouw Olga Havel. (NFP)

Onder: In september 1990 nodigde Elizabeth II een aantal geallieerde (ex)-staatshoofden en hun echtgenoten uit voor de herdenking van The battle of Britain, die een halve eeuw eerder in de lucht boven Engeland werd uitgevochten. (Capital)

Prinses Juliana op het balkon van het Paleis op de Dam, waar zij zo dikwijls werd bejubeld door de 'samengestroomde menigte op ons nationale plein'. Nu echter applaudisseerde zij zelf en wel voor de vijftig voertuigen van het (43e) Aalsmeerse bloemencorso, dat als motto 'Bloeiende Natuur' had; hiervoor was gekozen ter gelegenheid van het 50-jarig bestaan van het Prins Bernhard Fonds, dat culturele activiteiten op velerlei gebied stimuleert. (NFP)

1991

Op 24 april werd op vliegveld Soesterberg het 50-jarig jubileum van (oorlogs)vlieger prins Bernhard gevierd. Zijn vrouw legde talloze aardige momenten vast voor 'later'.

En op 28 juni onthulde prinses Juliana op het terrein van de Prins Bernhard Kazerne in Amersfoort een standbeeld van haar man als 27-jarige ritmeester der cavalerie.

1991

De onthulling van het beeld ('Het lijkt,' prees de prinses) werd een opgewekte gebeurtenis waarbij veel amusante herinneringen werden opgehaald.

De prinses als plaatsvervangster voor schoonzoon prins Claus, die als beschermheer van de Vereniging de Hollandse Molen de opgeknapte molen van Sloten opnieuw in gebruik had zullen stellen, doch onverwacht verhinderd was.

'Pappie en Mammie' bij het diner dat de regering op 18 januari 1992 in het Catshuis aanbood aan het zilveren bruidspaar, prinses Margriet en mr. Pieter van Vollenhoven. (ANP)

Rechts: De koninklijke EHBO vierde in 1993 haar eerste eeuwfeest. De herdenking werd bijgewoond door beschermvrouwe prinses Juliana, aan wie door het oudste lid een ets werd aangeboden. (NFP)

Onder: In mei waren koning Boudewijn en koningin Fabiola voor een officieel driedaags bezoek in ons land. Voor de door het Belgische vorstenpaar georganiseerde ontvangst ten huize van de Belgische ambassadeur was ook prinses Juliana uitgenodigd. Het zou de laatste ontmoeting tussen Boudewijn en Juliana worden… (Capital)

1994

11 juli 1994: prins Bernhard beëindigde in het bijzijn van zijn oudste kleinzoon, tevens collega-vlieger, en zijn vrouw zijn vliegerscarrière, aangezien 'mijn concentratie de laatste tijd te wensen overlaat'. Prinses Juliana kon niet verhelen dat ze het besluit met vreugde had begroet.

1995

Boven: Op 18 september werd prins Bernhard – geheel hersteld na zijn langdurige ziekte en voortaan getooid met baard – in het bijzijn van prinses Juliana, prinses Margriet, mr. Van Vollenhoven en prinses Christina in de Hervormde kerk te Loenen door opleidingsinstituut Nijenrode het eredoctoraat in de Bedrijfskunde verleend. Mr. Van Vollenhoven begeleidde zijn schoonmoeder (links) en eerder in het jaar was het kleinzoon Constantijn die zich over de prinses ontfermde. Dat was op 5 mei, bij het verlaten van de Ridderzaal, waar voor de vijftigste keer de bevrijding van ons land werd herdacht.

Links: Op diezelfde 5e mei werd deze ongedwongen opname van de net 86 geworden prinses gemaakt.

1995

In het voorjaar met prinses Christina in Lech. In december kondigde prinses Juliana aan te zullen stoppen met skiën. (Sunshine)

1996

Op 30 april 1996 vierde koning Carl XVI Gustav van Zweden zijn 50e verjaardag met een grandioos feest, waarvoor natuurlijk ook zijn peetmoeder prinses Juliana was uitgenodigd. Met haar oudste dochter en oudste kleinzoon reisde zij naar Stockholm. (Gamma)

11 mei: de Spaanse koning Juan Carlos ontving in Middelburg uit handen van koningin Beatrix de Four Freedoms Award, een der hoogste Amerikaanse onderscheidingen. De plechtigheid werd ook bijgewoond door prinses Juliana en prins Bernhard. (Sunshine/Roel Dijkstra)

1996

Prins Bernhard's 85e verjaardag was aanleiding tot een grootscheepse happening in het park van Paleis Soestdijk. Evenals de jarige ontmoette zijn vrouw er talloze oude bekenden. (Capital)

Prinsjesdag 1996: in het gebouw van het Kabinet der Koningin wuifde de prinses naar haar oudste dochter. (Capital)

1997

Plezier bij de uitreiking van de Zilveren Anjers 1997 door prins Bernhard, die zijn toespraak doorspekte met tal van geestige opmerkingen. (Smit)

Op Prinsjesdag was prinses Juliana zoals gebruikelijk present in het gebouw van het Kabinet der Koningin. (Capital)

1997-1998

Prinses Juliana gefotografeerd op Soestdijk, 29 november 1997.

Eind mei: Juliana's kleinzoon Maurits trouwt met Marilène van den Broek. Juliana, amper hersteld van het ongeval waarbij zij een heupbreuk opliep, was zowel bij de burgerlijke als bij de kerkelijke plechtigheid aanwezig. (Capital)

Rechts: Prinses Juliana gefotografeerd terwijl zij in de lange zijgangen van Paleis Soestdijk haar dagelijkse loopoefeningen uitvoert. (Smit)

1998

1989-1999

DIT GEBEURDE IN NEDERLAND

1989 PTT niet langer overheidsbedrijf. – 'Twee van Breda' land uit gezet. – In De Bilt laagste luchtdruk in bijna 300 jaar gemeten. – Fusie NMB en Postbank. – Meer dan 50% van bevolking buitenkerkelijk. – Frank Sinatra, Liza Minelli en Sammy Davis jr. in Rotterdamse Ahoyhal; toegangskaartjes van ƒ 100 tot ƒ 3000,–. – Acties verpleegkundigen. – Dameshockeyclub Amsterdam voor 10e keer Europees kampioen. – Oud-minister ('Tientje van') Lieftinck overleden. – Nederland hervat de in '82 opgeschorte ontwikkelingshulp aan Suriname. – Bewoners van Arnhemse wijk vallen drugshandelaren, -verslaafden en prostituées aan. – Einde 'generaal pardon' wapenbezitters; 60 000 verboden wapens ingeleverd. – Leidse artsen ontdekken middel tegen nierstenen. – Proefproces euthanasie coma-patiënte Ineke Stinissen.

1990 Vissers blokkeren sluizen bij IJmuiden uit protest tegen verlaging vangstquota voor kabeljauw. – Staking openbaar vervoer Amsterdam. – Frans Goedhart, oprichter 'Het Parool', overleden. – Rembrandts 'Nachtwacht' met zwavelzuur bespoten. – Haagse Passage door brand verwoest. – Het communistische dagblad 'De Waarheid' wordt onafhankelijk links weekblad 'Forum'. – Drie Van Goghs ontvreemd uit Noordbrabants museum in Den Bosch. – Sail '90 te Amsterdam trekt vijf miljoen bezoekers. – Dienstplicht met twee maanden verkort tot twaalf maanden. – Ringweg rond Amsterdam voltooid. – Zuidafrikaanse president De Klerk brengt officieel bezoek aan ons land. – Vondst van nederzetting van hunebedbouwers in Wieringermeer.

1991 Politieke partij PSP gaat met PPR, EVP en CPN op in GroenLinks. – Weekblad 'Forum' en Dagblad 'Het Vrije Volk' verdwijnen. – Ons land normaliseert handelsbetrekkingen met Zuid-Afrika. – Regering stuurt militairen naar Irak om kampen voor gevluchte of verdreven Koerden op te richten. – Prof. Lou de Jong voltooit zijn geschiedenis van het Koninkrijk der Nederlanden in de Tweede Wereldoorlog. – Protest taxichauffeurs tegen aangekondigde komst treintaxi. – Elsevier neemt Brits medisch tijdschrift 'The Lancet' over. – Staatsbezoek van koningin en prins van Oranje aan Japan. – Actiegroep RaRa blaast huis staatssecretaris Kosto van justitie op.

1992 Aanslag met brandbommen op moskee te Amersfoort. – Nieuw Burgerlijk Wetboek (NBW) wordt van kracht. – Actievoerders richten ravage aan op vliegbasis Deelen. – Kabinet akkoord over identificatieplicht. – Indonesië wijst wegens Nederlandse bemoeizucht hulp van het vroegere vaderland af. – Opening Floriade, 's werelds grootste tuinbouwtentoonstelling te Zoetermeer. – Treinstaking. – Zwaarste aardschok (5,5 op Schaal van Richter) tot dusver in Nederland gemeten. – Na 14 jaar weer polio in ons land. – Erasmusprijs voor Simon Wiesenthal. – Israëlisch vrachtvliegtuig stort neer op Bijlmer. – Rijksmuseum betaalt 17 miljoen gulden voor Rembrandts portret van Johannes Uyttenbogaert, grondlegger Remonstrantse Broederschap.

1993 Europese Gemeenschap een feit: binnengrenzen verdwijnen. – Fokker overgenomen door DASA. – Aftreden van de populaire Rotterdamse bischop Bär. – Jongerendemonstratie tegen kabinetsbeleid inzake mogelijke opheffing bijstand voor jongeren onder de 21 ontaardt in veldslag. – Staatsbezoek van het Belgisch koningspaar. – Dramatisch aftreden staatssecretaris van Sociale Zaken en Werkgelegenheid Elske ter Veld. – Basisvorming in het onderwijs gaat van start. – Binnenschippers beëindigen na zes weken hun acties. – Grafzerken op Geallieerd militair kerkhof in Nijmegen besmeurd met racistische en nazistische leuzen. – Bij Zwolle worden twee ca. 2000 jaar oude zonnekalenders opgegraven. – Omstreden carpoolstrook bij Muiden in gebruik gesteld. – Nederlandstalige literatuur centraal op Frankfurter Buchmesse. – De Maas zet grote delen van Limburg onder water.

1994 Restanten funderingen van het kasteel van de heren van Amstel in Amsterdam aangetroffen. – Opening historisch themapark Archeon in Alphen a.d. Rijn. – Voor Noorse kust wordt het wrak van de in november 1940 vergane Nederlandse onderzeeër O 22 gevonden. – Meer dan 500 000 Nederlanders werkloos. – Aftreden ministers Van Thijn en Hirsch Ballin i.v.m. IRT-affaire. – Spoorwegstaking. – Schrijver A. den Doolaard en econoom prof.dr. Jan Tinbergen overleden. – Opheffing carpoolstrook langs A1. – Prinses Christina gaat scheiden van Jorge Guillermo. – Opening Amsterdamse branche Russische Stolichny Bank. – Joh. van Damme in Singapore terechtgesteld. – Veronica stapt uit publieke omroepbestel. – Rotterdam: Fransen protesteren tegen soepel Nederlands drugsbeleid. – Zes Urker vissers verdrinken op Noordzee. – Parlementaire enquête naar opsporingsmethoden politie. – 1200 verkeersongelukken tijdens kerstdagen ten gevolge van ijzel.

1995 Delen van Limburg en de Waalpolders geëvacueerd wegens wateroverlast. – Rooie Vrouwen heffen zichzelf op. – Kabinet besluit tot aanleg vijfde baan Schiphol. – Sanering bij Fokker kost 1760 arbeidsplaatsen. – Presentatie volledige werken (24 delen) van Multatuli. – Regering besluit tot aanleg Betuwe-lijn. – Auteurs W.F. Hermans en Annie M.G. Schmidt overleden. – Grootscheepse herdenkingen bevrijding van ons land. – Blank-zwarte tweeling geboren ten gevolge van IVF-fout. – Reed-Elsevier stoot alle dagbladen en tijdschriften af. – Schilders Kees Verwey en Rien Poortvliet over-

leden. – Wereldjamboree in Dronten. – Opening nieuw Haags stadhuis. – Nederland verliest bij grenscorrectie in Baarle-Hertog en Baarle-Nassau 26 are grondgebied aan België. – Dagbladunie naar Perscombinatie. – Tweede Kamer akkoord met privatisering Ziektewet. – Rentestand in Nederland laagste niveau sinds de jaren dertig.

1996 Bomaanslag op Franse bank en consulaat in Arnhem. – Nieuwe Waalbrug op de A2 in gebruik gesteld. – Van Gend & Loos haalt paard-en-wagen van stal voor bevoorrading winkels in centrum. – Rintje Ritsma Nederlands, Europees en wereldkampioen allround op de schaats. – Zeven doden bij ongeval met Nederlandse bus in het Sauerland. – Jules de Corte overleden. – Privatisering Ziektewet. – Faillissement Fokker. – Gekke-koeienziekte breekt uit. – Nieuwe winkelsluitingswet. – Leen Jongewaard en Pim Jacobs overleden. – Richard Krajicek wint tennistoernooi Wimbledon. – 34 slachtoffers bij vliegramp met Hercules C-130 bij Eindhoven. – Nieuwe spelling gaat in. – Rederij Lovers exploiteert spoorlijn Amsterdam-IJmuiden. – Laatste dienstplichtigen zwaaien af. – 32 doden bij ongeluk Dakota DC-3. – Oud-minister P. Kooijmans rechter bij Internationaal Hof. – Greenpeace-actie tegen genetisch gemanipuleerde sojabonen. – Champions Trophy voor Nederlands heren hockeyteam.

1997 Henk Angenent wint 15e Elfstedentocht. – Couturier Frank Govers overleden. – In Hoofddorp worden drie kinderen door hun ouders van het leven beroofd. – Varkenspest steekt kop op. – Na referendum kan bouw IJburg (Amsterdam) doorgaan. – Schilder Willem de Kooning overleden. – Eén dode en gewonden tijdens rellen tussen Ajax- en Feyenoordfans. – Laatste Fokker afgeleverd. – Stormvloedkering in Nieuwe Waterweg in gebruik genomen. – Amerikaanse president woont herdenking Marshall-plan bij. – Niet in Brussel aangemelde wetten niet rechtsgeldig. – Eurotop in Amsterdam. – Stroomstoring in centraal Nederland. – 'Aandelengekte'. – Drukste dag in geschiedenis van Schiphol. – Van Mierlo verhindert arrestatie Bouterse in Brazilië. – Heetste augustusmaand sinds 1706. – Nederland-België 3-1. – Interview prins Willem-Alexander. – In Leeuwarden wordt Meindert Tjoelker doodgeschopt. – Gouden Kalf voor film 'Karakter'. – Bert Haanstra overleden. – ING neemt Belgische bank Brussel Lambert over. – Prins Maurits verloofd met Marilène van den Broek.

1998 Groningse korpschef stapt op na kritisch rapport inzake oudejaarsrellen. – Van Barneveld als eerste niet-Engelstalige speler officieus wereldkampioen darts. – Eerste officiële homohuwelijken. – Jan Bos behaalt wereldtitel sprint op de schaats. – Koningin Beatrix viert met groots feest 60e verjaardag. – Voorgenomen fusie Vendex en KBB. – Eervol ontslag voorzitter college procureurs-generaal Docters van Leeuwen. – Elf medailles voor Nederlandse schaatsers op Olympische winterspelen in Japan. – 75-jarig bestaan AVRO. – Duisenberg eerste president van Europese Centrale Bank. – VVD en PvdA winnen parlementsverkiezingen. – Ajax naar de beurs. – Huwelijk prins Maurits en Marilène van den Broek. – Zanger Marco Bakker veroordeeld wegens veroorzaken dodelijk ongeluk. – Marinepersoneel verdacht van drugssmokkel. – Gay Games in Amsterdam financieel fiasco. – Paars II beëdigd. – Omstreden aankoop Mondriaans laatste (onvoltooide) werk Victory Boogie-Woogie. – Overstromingen in grote delen van het land. – Politieke conflicten inzake asielbeleid. – Zangeres zonder Naam overleden. – Melkbussen definitief verdwenen. – Annie M.G. Schmidts kinderboek *Abeltje* verfilmd.

1999 Waarde euro bepaald op ƒ 2,20371. – Korte ziekenhuisopname Prinses Juliana. – Parlementaire Enquêtecommissie Bijlmerramp komt met onthullingen.

GERAADPLEEGDE LITERATUUR O.A.:

H.R.H. Princess Alice: 'For my Grandchildren'; London, 1966.

De Beaufort, Henriëtte L.T.: 'Wilhelmina 1880-1962'; Den Haag, 1965.

Booy, Thijs: 'Het is stil op Het Loo...'; Amsterdam, 1963.

Booy, Thijs: 'De levensavond van Koningin Wilhelmina', Amsterdam, 1965; Ede, 1980.

Bouwman, Mies, bijeengebracht door: 'Nationaal Fotoalbum'; 1984, Ter Aar.

Denters, Henk & Johan Jongma: 'De 32 jaren van Juliana'; Amsterdam, 1980.

Mc Gillavry, Annemie: 'Majesteit met hoed'; Baarn, 1973.

Hatch, Alden: 'Prins Bernhard'; Amsterdam, 1962.

Hillo, Jan van: 'Juliana, achter de schermen van een NOS-documentaire'; Leiden, 1973.

De Jong, Dr. Lou de: 'Het Koninkrijk der Nederlanden in de Tweede Wereldoorlog', deel 9-I; Den Haag, 1979.

Kaan, Richard: 'Oranje & Indonesië'; Den Haag, 1971.

Kikkert, J.G.: 'Juliana 80 jaar'; Baarn, 1989.

Kuyk, Otto: 'Dagen, maanden, jaren uit het leven van koningin Juliana'; Amsterdam, z.j..

Lammers, Fred J.: 'Van prinses tot grootmoeder'; Baarn, 1969.

Lammers, Fred J.: 'Het Huis van Oranje in oude ansichten'; Zaltbommel, 1973.

Lammers, Fred J.: 'Drie prinsen naast de troon'; Baarn, 1976.

Lammers, Fred J.: 'Juliana Regina 1948-1980'; Baarn, 1980.

Lammers, Fred J.: 'Juliana 75 jaar'; Baarn, 1984.

Lammers, Fred J.: 'Een Gouden Huwelijk'; Voorburg, 1987.

Marsman, R.: 'Haar werk ging door'; Den Haag, 1948.

Van der Mey, Albert: 'Beatrix in Ballingschap'; Ede, 1983.

Michels, Tonny D.: 'Juliana, 25 jaar moeder van een volk'; Den Haag, 1973.

Rau, Alfred A.: 'Juliana fotoalbum'; Wageningen, 1973.

Schaafsma, H.: 'Juliana, een biografie in foto's'; Utrecht, 1959.

Scheffer-van der Veen, M.J.H.: 'Trouw en te goeder trouw'; Zutphen, 1973.

Schenk, dra. M.G.: '25 jaar koningin'; Baarn, 1973.

Schenk, dra. M.G. & Magdaleen van Herk: 'Juliana, vorstin naast de rode loper'; Amsterdam/Brussel, 1980.

Waterink, Dr. J.: 'Onze jonge koningin thuis'; Wageningen, 1948.

Wilhelmina: 'Eenzaam maar niet alleen'; Amsterdam, 1959.

– 'Kroniek der 20e Eeuw'; Amsterdam/Brussel, 1985-19

– 'Kroniek van Nederland'; Amsterdam/Brussel, 1987.

– 'Toen onze koningin nog jong was'; Amsterdam, z.j.

– (Gelegenheids)reportages en -artikelen uit dag-, week- en maandbladen.